Essays zum
BUDO

Jörg-Michael Wolters

Herstellung und Verlag:
BoD - Books on Demand, Norderstedt
ISBN 978-3-7431-8834-1

Inhalt

Vorwort

Budo – Das Wesen der Kampfkunst und das geheime Wissen der Meister

BUDO – Kampf- und Lebenskunst

BU - Der Friedvolle Krieger

DO - Der Weg ist ein Kreis

Dojo – (1) Der Tempel:

Dojo – (2) Die Gemeinschaft:

REIGI – Die Etikette

SHITEI - Die Lehrer-Schüler-Beziehung

ZEN - Der spirituelle Geist

Kombative und spirituelle Komponenten des Budo

Mit der Hand des Teufels und dem Herz des Buddha

Stete Glut – statt Strohfeuer

"Budo-Sport": Elefanten können nicht fliegen!

Autor

Vorwort

In den Essays zum Budo geht es um Erkenntnisse über das besondere und verschiedene Wesen und Wirken von Kampfsport und Kampfkunst auf die Ausübenden.

Die rechte Theorie und Praxis des Weges (Do) vom „Beenden des Kampfes" (Bu) wird in das Licht von Wissenschaft und Tradition gerückt.

Vertiefende Einsichten ins Budo sollen dem Interessierten ein „Weg-Weiser" sein, und den Übenden der reflektierten eigenen Weiterentwicklung dienen.

40 Jahre aktive Lern- und Lehr-Erfahrung und intensive wissenschaftliche Forschungen des Autors bilden die Grundlage für seine Sicht auf die Dinge der erforderlichen äußeren und inneren Haltung im Budo...

Budo – Das Wesen der Kampfkunst und das geheime Wissen der Meister

Fast alle Fachbüchern über asiatischen Kampfsport befassen sich vorwiegend mit den Techniken und bloßen Formen der jeweiligen Systeme (vielleicht mit einem kleinen Exkurs in ihre Geschichte), und allenfalls 1 vom 100 mit dem geistigen Wesen des Weges der Kampf-"Kunst", Budo.

Ähnlich ist es mit der Praxis: 9 von 10 Aktiven betreiben modernen Kampfsport, vor allem Judo oder Karate, dann Taekwondo, Jujutsu,

Kung-Fu, die meisten nur für ein paar Monate oder vielleicht maximal ein paar wenige Jahre. Nur 1 von 100 ist Schüler (man müsste sagen: „Student") bzw. Ausübender einer traditionellen Kampf-"Kunst", 1 von 1000 wird Meister darin, 1 von 10.000 ein authentischer Lehrmeister.

So verhält es sich in unserer Zeit, in der Moden Konjunktur, Kurzlebigkeit und Oberflächlichkeit Bestand haben, alles schnell gehen muss und möglichst einfach sein.

Den „Schwarzen Gürtel" schon in 5 Jahren und sportlichen Erfolg noch viel eher im Verein um die Ecke, der zudem viel billiger ist und mehr Mitglieder hat, als das kleine Dojo in dreiviertelstündiger

Autofahrt Entfernung, und wo es heißt, man bekomme den Meistergrad frühestens nach 10 Jahren, regelmäßiges Üben 2 bis 3 Mal in der Woche vorausgesetzt, erscheint Vielen „wirtschaftlicher".

Der Verein ist Mitglied im Dachverband, und der im Deutschen Olympischen Sport-Bund mit erstklassigen, berühmten Deutschen-, Europa- oder sogar Weltmeistern, mit Bundes- und Landestrainern oder Großmeistern, die Lehrgänge mit jeweils mehreren hundert Teilnehmern in riesigen Hallen gleichzeitig abhalten, der Lokalsender, wenigstens die Zeitung vor Ort ist, und man am

Ende eine schmucke Urkunde für's Mitmachen bekommt.

Das traditionelle Dojo hingegen, das von einem Meister einer kleinen, eher unbekannten Stilrichtung geleitet wird und nur einer Schar offensichtlich zusammengeschweißter Schüler besteht, die zudem selber nach Japan reisen müssten, um beim Lehrer ihres Lehrers mitüben zu dürfen, agiert mehr im Hintergrund, macht keine oder wenig Werbung für Anfängerkurse und es gibt dort keine „Beitrittserklärung", sondern nach einer unbestimmten, sicher aber längeren „Probezeit" - vielleicht - einen Aufnahme-"Antrag".

Statt Urkunden für's Mitmachen gibt's, wenn man gut ist und „dazu gehört", Arbeitsaufträge, mitzuhelfen, das Dojo zu putzen. Wenig also für's Ego und Image.

Die, die sich für die unkomplizierte, einfache und schnelle Lösung entscheiden, verkennen dabei, dass das Training einer Kampf-"Sport"-Art gar nicht Dasselbe ist, wie die Ausbildung in einer ursprünglichen Budo-Kampfkunst, ja, das beides rein gar nichts mehr miteinander zu tun hat, selbst dann, wenn beides, z.B., sich „Karate-Do" nennt. Wie soll man da als Laie durchblicken? Oder als jemand, der bereits aktiv trainiert, aber immer mal wieder hört von Budo als die eigentliche Kunst des Kampfes?

Genau für diese Laien, für Interessierte, aber auch für Anfänger und Fortgeschrittene Praktiker, die sich über ihren jeweiligen Sport hinaus offen sind und sich gar als „Suchende" begreifen, ist dieses Buch gedacht. Es soll ihnen erschließen, was das Wesen des Budo ausmacht, die „Geheimnisse" der Meister sind, um für sich herausfinden, ob sie diesem Pfad, vom äußeren und inneren Kampf etwas für's eigen Leben zu lernen, den Weg des Budo, „der Kunst des rechten Kampfes und Lebens" gehen wollen. So öffnet sich ihnen eine Schatzkiste überlieferter Erfahrungen, die bedeutsam sind für das eigene Verständnis des Budo als Weg zur Persönlichkeit und ihrer Weiterentwicklung, einen zutiefst (selbst-)erzieherischen Prozess. Budo erzieht…

Eine Hand voll deutschsprachiger Bücher, die über Budo, den geistigen Weg der Kampfkünste berichten, jedenfalls mehr oder weniger, sind schon geschrieben worden, jedoch keine Systematik, was das Wesen des Budo genau ist, welche Inhalte, Kriterien und Aspekte es konkret ausmachen, erst definieren und warum und wie sie Kampf-"Kunst" über den Kampf-"Sport" erheben, über ihn hinaus weisen.

Dieser Versuch wird hier nun unternommen. Das Wesen des Budo wird anhand seiner essentiellen 6 Fundamente: Bu – das Kämpfen, Do – der Weg, Dojo – der Ort, an dem der Weg geübt wird, Reigi – die Etikette, Shitei – die Lehrer-Schüler-Beziehung und Zen – die Spiritualität, erläutert. „Geheimnisse aber, das sei hier vorab schon Mal verraten, werden nicht gelüftet (sonst wären und blieben es ja keine).

Es gibt sie nämlich auch gar nicht – die Geheimnisse sind vielmehr die esoterischen, d.h. hinter der Oberfläche verborgenen und erst auf dem 2. Blick, nein, erst dem intensiven Bemühen, sich ins Budo zu vertiefen und dann der hilfreichen Einweihung durch (s)einen „Meister" (Sensei) erkennbar.

Aber sie sind in der Lehre als die „inneren" Aspekte des Weges (Okuden) vorhanden, die, die jenseits der Befassung mit der bloßen äußeren Form (Omote) liegen und sich dem ernsthaften, „inneren" Schüler (Uchi-Deshi), nicht aber dem äußeren Form-Schüler (Soto-Deshi) erschließen. Insofern mag das Wissen darüber nicht sehr groß und nicht sehr verbreitet sein – im Unterschied zu den Vorurteilen darüber – aber geheim im Sinne des Verbotes der Offenbarung und Weitergabe sind sie nicht.

Zwar gibt es in den Kampfkünsten die Tradition, stil- und schulinternes Wissen um die wahre Bedeutung und auch konkrete Ausführung bestimmter Anwendungen nur wenigen „echten" Schülern (also Uchi-Deshi) weiterzugeben, es symbolisch in ihre ganz eigenen

„Bewegungs"-Sprachen und -Formen, den Kata, extrem verschlüsselt zu integrieren, zu deren Übersetzung nur Eingeweihte in der Lage waren (oder heute noch sind), damit „die Perlen nicht vor die Säue geschmissen" und Fremde nicht etwa Missbrauch damit treiben könnten, jedoch sind dies nicht die Geheimnisse, von denen hier die Rede sein wird.

Derartiges „Sekten"-Wissen, das befähigt, die Techniken und Bewegungen jenseits des äußeren Anscheins (beispielsweise eines vermeintlichen Blocks oder eines Schlages) in Wahrheit als eine tiefenwirksame Meridian-Stimulation oder Kyusho- oder Atemi-Technik auf zentrale

Nervendruckpunkte (Tsubo, jene wichtigen Punkte innerhalb des menschlichen Körpers, die auch in der Traditionellen Chinesischen Medizin, der energetischen Heilgymnastik Qi-Gong und Tai-Chi oder der manuellen Heilkunst wie Akupunktur oder Shiatsu behandelt werden) zu sehen, ist wirklich Eingeweihten und Experten vorbehalten, die auch den historischen wie funktionalen Zusammenhang von Heilkunst und Kampfkunst kennen.

BUDO – Kampf- und Lebenskunst

Der Begriff „Budo" wird heute häufig im Kontext der fernöstlichen Kampfsportarten, wie Judo, Karate, Kung-Fu, Taekwondo Thaiboxen oder gar den modernen Mixed-Martial-Arts verwendet, allerdings unreflektiert und oft auch leider falsch. Budo hat mit irgendwelchen asiatischen Sport- oder Selbstverteidigungs-Arten gar nichts zu tun, sondern bezeichnet originär nur jene japanischen Systeme, deren inneres Wesen und „geistiges" Prinzip auf einen „inneren" Schulungs-Weg (Do) der Selbstentwicklung ausgelegt ist.

Primäres Ziel ist im Budo ist seit jeher die Erlangung von Erleuchtung (Satori), zumindest spiritueller Einsicht und Weisheit und von menschlicher Reife, also die „innere" Meisterschaft einer durch systematische Übung entwickelten Persönlichkeit – nicht nur die Erlangung von technischer Perfektion als messbaren Erfolg rein äußerer Meisterschaft.

Die traditionelle Unterweisung im rechten Gebrauch der Techniken (Waza), der Energie (Ki) <u>und</u> des Geistes/ Herzens (Shin) durch individuelle Anleitung und unter der Führung seines persönlichen „Weg"-Lehrmeisters (Sensei) hat mit dem modernen Wettkampfsport und seinem

Trainingskonzept zur reinen Leistungssteigerung der Athleten nichts mehr gemein; auch nichts mit dem Breitensportgedanken von Freizeitaktiven, die nur einem (ja durchaus attraktiven) Hobby nachgehen, sich mit 2 Mal in der Woche Techniktraining im Sportverein zufrieden geben, oder gar jene, die ihre Einheiten bloß als Fitnessprogramm mit exotischem Asien-Flair für „Bauch, Beine und Po" absolvieren.

Die olympische Sport-Ideologie des objektiven Leistungsvergleichs nach dem Motto „Höher! Schneller! Weiter!" hat ebenso wenig was mit der umfassenden, den ganzen Menschen (Körper, Seele und Geist) aus-bildenden Kunst des Budo zu tun, wie die oberflächliche Orientierung auf Sieg und Niederlage, die heute nur noch maßgeblich zu sein scheint.

Weder geht's um „gewonnene" Meisterschaften und -Titel – die im Budo nicht gewonnen, sondern nur über intensives Studium zur Erlangung von höchstmöglichem Können, Wissen und tiefem Verständnis vom Wesen des Budo und seiner selbst, durch anhaltende, jahrelange Bewährung und kontinuierlichen Fortschritt in der ganzheitlichen Ausbildung auf dem dreigliedrigen Pfad (Waza, Ki, Shin) entwickelt werden – noch überhaupt um einen kurzfristigen, vorübergehenden Erfolg, der zudem auch noch im Wettbewerb, also in Konkurrenz mit anderen oder gar deren Bezwingung (Niederlage) erzielt wurde.

Umso mehr ist auch der reine Kampf- und Sieg-Aspekt, wie er in ausschließlichen Selbstverteidigungssystemen, etwa Vollkontakt- und K.O.-Stilen, praktiziert wird, nicht Budo. Schon gar nicht ein brutales „Alles-ist-erlaubt"-Kämpfen, wo ursprüngliche Kampfstile gemixt und einzelne Techniken daraus lediglich für die realistische Anwendung zum effektiven Niederschlagen oder -ringen des Gegners in Käfigen missbraucht werden. Hier mag es äußerst erfolgreiche, exzellente, kaum besiegbare Fighter und Helden geben, aber keine Meister im Sinne der Budo-Kunst.

Denn: Budo lehrt die Kunst, <u>nicht</u> zu kämpfen! Das mag zunächst ein irritierendes Paradoxon sein, denn immerhin befasst sich die ganze Theorie und Praxis dieser Kunst als „Kampf"-Kunst ja gerade explizit mit diesem Thema.

Und doch: Ziel im Budo ist es, Kämpfen zu lernen, um den Kampf zu transzendieren, ihn als geeignetes Mittel der Auseinandersetzung abzulehnen, ihn allenfalls in höchster Not für Leib und Leben, und dann rein defensiv anzuwenden – im Grunde aber, wo es geht, den Nicht-Kampf zu verwirklichen. Man lernt zu kämpfen, um nicht mehr kämpfen zu müssen. (Doch davon später mehr.)

Schon die beiden japanischen Schriftzeichen (wie chinesischen, die die nämlich gleichen sind) für „Bu"-"Do" (chin.: Wu-Dao) sprechen für sich, weil das Zeichen für „Bu" aus dem Ideogramm „Schwert" oder „Hellebarde" als auch aus „Stopp" oder „Anhalten" besteht. Sinngemäß bedeutet das dann etwa „Das Schwert stoppen" bzw. „Die Hellebarde anhalten".

Da „Bu" aber auch im übertragenen Sinne für Militär oder Krieg stehen kann (siehe Bu-Gei als Bezeichnung der alten Kriegskünste (Koryu-Bujutsu), Bu-Shi für Krieger/Samurai und Bu-Shi-Do für deren „Ritterkult") ist die Interpretation auch für „Den Kampf beenden" zulässig, wie in der Verwendung des Begriffs Bu-

Jutsu für das reine Kampf-Handwerk deutlich wird und ganz anwendungsbezogen meint, den Kampf „erfolgreich" zu beenden, also durch Sieg – auch Sieg im Kampf.

Während aber diese Lesart ja erst durch den erklärenden Begriff „Jutsu" für das rein handwerkliche, technische Können, zum Erfolg zu gelangen (das Schwert zu stoppen, den Kampf zu beenden) zum Synonym für siegreiches Kämpfen wird (und folgerichtig für Kampf-Sport-Arten richtig ist), gewinnt nun aber das „Bu" durch das Suffix „Do" im vom Buddhismus und Zen geprägten Begriff Bu-Do natürlich eine eigene, ganz andere Bedeutung.

Da „Do" (wie wir noch genauer sehen werden) für den „Weg" und damit für eine Lehre, taoistisch-zenbuddhistische Bewusst-Seins-Schulung und (Lebens-)Ideologie, also für eine philosophische, spirituelle Geisteshaltung steht, muss Bu-Do (Schwert-Anhalten-Weg) sinngemäß definiert werden als der „Weg, den Kampf zu vermeiden":

Nicht durch Kampf und Sieg (Jutsu) wird der Krieg bzw. die Gewalt (Bu) beendet, sondern durch die rechte innere Haltung und Einstellung (des Friedens) grundsätzlich vermieden, bewusst verhindert, gar nicht erst zugelassen.

Das Motto des Budo ist: "Halte das Schwert kraft Deiner auf der

Wegschulung erworbenen geistigen (psycho-emotionalen, intellektuellen) Fähigkeiten an" – „Kämpfe nicht!". Oder: "Bekämpfe Deine Wut, Deine Kampfeslust", (Deine Unbeherrschtheit, Deine Eitelkeit) und "Besiege Dich selbst!".

Diese Geisteshaltung ist, wie oben erwähnt, im engen Zusammenhang mit dem Zen-Buddhismus in Japan im Kontext arbeitslos gewordener Samura entstanden, die aus den alten Kriegskünsten der Handhabung des Schwertes zum Töten von Feinden (Bu-Gei, Bu-Jutsu) nun jene Höheren Künste des Weges (Do) der Handhabung des Schwertes zum „Töten des Feindes in einem selbst", des eigenen kleingeistigen „Ich" (eben Bu-Do) schufen, zu sehen. Aus den Künsten des perfekten Tötens wurden Schulungswege der Perfektionierung des eigenen Geistes, der Disziplinierung und Erziehung des Selbst.

Selbst-Beherrschung, Kontrolle des Körpers und der eigenen Gefühle stand auf dem nunmehr friedlichen Übungsprogramm.

Budo also als, recht verstanden, Weg des Nicht-Kampfes kann, um auf die ursprünglichen Begrifflichkeiten zurückzukommen, schlechterdings also schon sprachlich nicht herhalten zur falschen Etikettierung von Kampf-Sport-Arten und bloßen Selbstverteidigungssystemen, in denen es genaugenommen um gerade das Gegenteil des Gemeinten, nämlich ja um den sportlichen oder realen Sieg über andere geht. Unwissenheit oder bewusste Irreführung durch werbewirksamen Etikettenschwindel mit dem rühmlichen Budo-Geist lassen in Sport-Politik und -Wirtschaft Verbände, Vereine, Profi-Schulen und Unternehmen vom Un-Sinn des „Budo-Sports" fabulieren, des „Budo-Kampfsports", von „Budo-Kickboxen", „Budo-Meisterschaften" usw. usf., ohne jeden Sachverstand oder jedwede Scham. Budo verkauft sich gut, ist „in".

Auch schmücken sich nicht nur die wirklich rein

wettkampfsportorientierten und olympischen Stile wie Judo und Karate ebenso gerne wie widersinnig mit vermeintlichem Budo-Anspruch, sondern, obwohl rein japanisch, auch viele chinesische, koreanische und andere fernöstlichen Kampfsysteme.

Korrekterweise geht das natürlich so ohne Weiteres nicht, da es sich ja um eine kulturelle Errungenschaft Japans und nicht automatisch des ganzen Ostasiens handelt – allerdings sei hier zugestanden, dass es in der Tat Übereinstimmungen in den als Kampf-"Kunst" ausgeübten Systemen gibt. Immerhin haben die Kampfkünste ja einen gemeinsamen Ursprung, der auf die Jahrtausende alte Körper-Geist-Kultur Indiens (Yoga) zurückgeht, von der aus sich die Entwicklung dann später über China nach und nach in die anderen Nachbarländer vollzog.

Es soll der indische Wandermönch aus vornehmer Kriegerkaste Bodhidharma (chin.: Tamo, jap.: Daruma) gewesen sein, der um 520 als 28. Nachfolger Buddhas über den Himalaya in das Shaolin-Kloster im chinesischen Honangebirge zog und dort eine neue Form des Mahayana-Buddhismus, „Dhyana" (chin.: Ch'an, jap.: Zen) lehrte und die Mönche schließlich in jenen geistigen und körperlichen Übungen unterwies, die die Wurzeln des legendären Shaolin-

Kung-Fu und damit aller nachfolgenden Kampfkünste Südostasiens (und natürlich auch des Budo) darstellen sollen.

Dabei handelte es sich sowohl um die strenge Sitzmeditation des Zazen als auch jene gymnastischen Übungen, die als die „18 Hände der Buddha-Schüler" (Shipa-Lohan-Sho) bekannt sind. Sie gelten trotz sicherer Vermischung mit vorher existierenden taoistischen Atem- und Körperübungen Chinas als entscheidende Grundlage der im Laufe der Jahrhunderte dann weiterentwickelten sog. äußeren, „harten" (Wai-Chia) Stilrichtungen als auch der inneren, „weichen" Schulen (Nei-Chia) des Kung-Fu bzw. der „Wissenschaft vom

Faustkampf", Ch'uan-Fa (jap.: Kempo), die ihrerseits maßgeblichen Einfluss auf okinawaische, japanische, koreanische, malaysische, indonesische usw. Kampfkünste späterer Zeit hatten.

Es sei an dieser Stelle nochmal ausdrücklich betont, dass die Kampfkünste also ursprünglich im Kloster entwickelt und von religiös inspirierten Mönchen betrieben wurden, was deren originär unkriegerischen, gewaltlosen, ja friedlichen (nämlich buddhistischen) Anspruch unterstreicht und natürlich ganz im Widerspruch zu den heutigen Auswüchsen, Fehlentwicklungen und Missverständnissen in der Szene steht, in der es um Gewalt legitimierende (Sport) oder ausübende Facetten oder bloße Macht, Prestige und Status, Geld und sonst welche Äußerlichkeiten geht.

Dieser gemeinsame Ursprung aber, gemeinsame Geist und gemeinsame Tradition, bei der es auf die Entwicklung und Vervollkommnung des ganzen Menschen und seines spirituellen Wesens durch praktische Übungen des Körpers und der Technik, der äußeren und inneren Energie, des Geistes (Spiritualität) und des Herzens (Gefühl) angelegt ist (Waza, Ki, Shin) – und in manchen Kampf-Künsten ja auch noch eine Rolle spielt – sowie die Orientierung an den grundlegenden

Wesensmerkmalen (Bu, Do, Dojo, Reigi, Shitei, Zen) rechtfertigen es, auch bei nicht-japanischen Systemen, der Idee willen, ganz übergeordnet von „Budo" zu sprechen.

Fest muss stehen, dass es vorrangig nicht um Sport, Sieg und Niederlage oder reine Selbstverteidigung geht, wenn man von Budo reden will. Da nützt es auch nichts, plötzlich von „klassischem" oder „traditionellem" Karate zu sprechen, es einfach Karate-"Do" zu benennen, wenn das Wesentliche fehlt. Wenn das Kämpfen nicht als Übungsmittel, die eigene innere Haltung zu vervollkommnen, ein „besserer" Mensch zu werden, genutzt wird, sondern zur Erlangung äußeren Erfolges, pervertiert das Ziel. Wer keinen wirklich eingeweihten Lehrmeister (Sensei) und damit keinen Zugang zur wahren (inneren, „geheimen") Lehre des Bu-do (Okuden) hat, wird bei seinem „Trainer" oder nur Übungsleiter allenfalls in den Techniken der äußeren Lehre (Omote) unterrichtet, ohne als „echter Budo-Schüler" (Uchi-Deshi) über den Status des Formen-Schülers (Soto-Deshi) jemals hinauszukommen. Jonglieren mit den bedeutsamen Begrifflichkeiten bringt da auch nichts, weil auch unter dem Deckmäntelchen des XY-"Do" und Budo oder der Kampf-"Kunst" im Sport keine existentielle Auseinandersetzung mit den traditionellen Werten und der Persönlichkeit-bildenden Weg-Schulungskultur stattfindet und man so doch nur Opfer wie Täter weiteren (Selbst-)Betrugs wird.

Die 6 Wesenselemente des Budo, also jene grundlegenden, Budo definierenden Inhalte und auf den Menschen positive Wirkung entfaltende Anteile werden nachfolgend erläutert.

BU - Der Friedvolle Krieger

Wie wir bereits gesehen haben heißt „Bu" als Zeichen für „Schwert-Stopp" zunächst erst einmal so viel wie „Kampf" im weiteren Sinne. Der Kampf ist damit natürlich das zentrale Thema des Weges des Bu, auch, wenn es letztlich ja darum geht, ihn zu „stoppen", zu beenden bzw. zu vermeiden (-do).

Der Kampf, die rechte Kunst des Kampfes, ist des Budo Inhalt,

Methode, Dreh- und Angelpunkt der Ausübung und Ausbildung. Es geht darum, Kämpfen zu lernen, um es nicht mehr zu müssen – aber eben doch ums Kämpfenlernen.

Das ist das Besondere. Budo ist ein Weg des Friedens, den ausgerechnet im Kampf systematisch geschulte, bestausgebildete „Krieger" praktizieren, in dem sie als (wohl als Könner auch mutmaßliche Sieger) souverän „über den Dingen stehen" und Gewalt als Lösungsmittel für Konflikte konsequent ablehnen.

Diese Budo-"Krieger" sind friedvoll, zum Sanftmut fähig (mutig genug) und Gewaltverzicht entschlossen. Sie sind geschult, sich zu beherrschen, jedwede Kampfhandlung zu unterlassen, und, wenn überhaupt, nur in echter Not als Verteidigung für Leib und Leben anzuwenden, falls es gar nicht mehr anders geht.

Sie haben gelernt, sich selbst zu besiegen – auch ihre Wut und Angst, die zumeist Auslöser sind von Gewalt und Kampf. Traditionell ausgebildete Budo-ka sind keine Kampfsportler, schon gar keine Streetfighter oder unkontrollierte, aggressive Schläger. Sie sind allerdings, wie gesagt, in der gegenwärtigen Szene, die vom modernen Kampfsport geprägt ist, in der absoluten Unterzahl. Bedauerlicherweise sind sie „out".

Zunächst, es stimmt leider: Die, die sich um das „wahre" Budo, das Wesen der Kampfkünste, das Verständnis vom „Do" als körperlich-geistigen Schulungsweg bemühen, stehen im Abseits des Geschehens, werden vom Gros der Aktiven und der Verbands-Funktionäre allenfalls abschätzig belächelt.

Die Traditionalisten, die sehr vereinzelt und ohne offizielles oder öffentliches Sprachrohr die Versportung des Budo, vor allem im Bereich des Karate, kritisieren, werden entweder als Querdenker links liegen gelassen oder als Störenfriede ausgegrenzt.

Sind die Budo-Disziplinen wirklich zwangsweise den heutigen, zumal typisch westlichen Bedingungen anzupassen?

Ist der sportliche Sieg über einen Gegner denn nur noch das eigentliche Ziel, der einzige übriggebliebene Sinn gekonnten Kämpfens, der kampfes-"Kunst"?

Ist nur der zunehmend ja durch Körperkontakt oder besser noch durch K.O. Sichtbare, rein äußerliche Erfolge im Karate (bzw. im Budo ganz allgemein) etwa entscheidend, nur weil es dem Zuschauer so gefällt?

Unbestritten geht es in jedem Sport irgendwie um vergleichbare Leistungen. Das ist eben auch ein Aspekt im Karate, durchaus legitim – aber eben nur einer.

Und wem Wettkampf- und Leistungssport-Karate liegt (das sind ohnehin nur wenige), soll in diesem Bereich sein Glück suchen; wer Interesse an Breitensport- und Vereins-Karate hat, soll sich dem widmen, soll dieses Sportkarate wie jede andere Sportart auch mit Eifer und Freude betreiben.

Es geht hier nicht darum, das moderne Sport-Karate und seine Anhänger, die die Qualität einer Technik nur nach ihrer jeweiligen Effektivität im Zweikampf (Kumite) oder die Qualität einer Kata nur hinsichtlich ihrer Wettkampftauglichkeit (Dynamik, Geschwindigkeit, Akrobatik) beurteilen, schlecht zu machen. Jedem das seine.

Wer sich jedoch für das ursprüngliche, originäre Budo als Kampf-"Kunst" und demzufolge für das traditionelle Karate-Do interessiert, sucht hinter den Äußerlichkeiten der Bewegung, der Technik, des Sieges nach dem wahren, tieferen Sinn des Ganzen. Und hier sucht er richtig, denn die eigentliche Bedeutung der Karatedo- (und Budo-)Praxis erschließt sich erst in der Tiefe (Okuden), nicht in der Oberfläche bloß äußerer Form (Omote).

So wenig z. B. ein Schwarzgurt, nur weil dieser eben einen Schwarzgurt hat, ein guter Karate-Lehrer oder gar ein Karate-"Meister" (Sensei) ist – weil die dazugehörigen Qualitäten nicht in den Äußerlichkeiten wie der Farbe eines Gürtels, sondern im dahinter liegenden Können, Wissen und Verständnis vom Karate und Wesen des Budo begründet ist – so wenig ist Karate-Sport gleichzusetzen mit Karate-Do.

Hier gibt es ganz fundamentale Unterschiede in der Theorie und in der Praxis, in der Erwartung des jeweiligen Aktiven vom Unterrichtsstoff, im Anspruch an sich selbst, seinen Trainer bzw. Lehrer, an die Kameraden oder Mitschüler sowie im Betreiben, Trainieren, Üben oder „Studieren" der Disziplin.

Aus der Sicht der Traditionalisten, der Verfechter der ursprünglichen, also alten Budo-Ideale und -Inhalte, den primär an der Kampfkunst als Schulungs-,

Reifungs- oder gar Lebensweg (Do) interessierten Karate-ka, liegt das Geheimnis der „wahren" Karate-Do nicht im Kampf gegen irgendwelche Gegner, sondern im Kampf gegen sich selbst:

Nicht der bereits beschriebene „äußerliche" Erfolg des Sieges über einen anderen, sondern der „innere" (nicht so leicht sichtbare) Erfolg des Sieges über sich selbst, der Erfolg des Sich-selbst-Erkennens, Sich-im-Griff-Habens, Über-sich-hinaus-Wachsens,
sprich: der „Arbeit" an seiner eigenen Persönlichkeit via Kampfkunst, via Karate-Do.

Das eigentliche Ziel, Wesen und Prinzip des traditionellen Karate-Do ist der Kampf mit sich selbst, der Kampf gegen seine eigenen

Unzulänglichkeiten, Unsicherheiten, Schwächen und Fehler.

Zu lernen, mit sich selbst, eben mit seinen persönlichen, individuellen „Macken" zu ringen, an sich zu arbeiten, um eine reife(re), ausgeglichene(re), friedfertige(re) Persönlichkeit zu werden, steht im Mittelpunkt des Karate-Do als Schulungsweg und Charakterschule, des Budo, des rechten Lernens und Begreifens vom Wesens des „wahren Kampfes".

Dabei ist es, nebenbei bemerkt, ein Irrtum anzunehmen, dass die Traditionalisten nur etwa deshalb, weil sie sich nicht nur mit den rein sportlich-körperlichen Aspekten, sondern eben auch noch mit den wesentlichen geistigen Aspekten des Karate-Do beschäftigen, technisch oder kämpferisch schlechtere Karate-ka seien, als die, die sich gar nicht erst mit dem geistigen „Ballast" auseinandersetzen. Die Karate-Techniken und -Bewegungen sind ja (in etwa) dieselben, nur deren Bedeutungen werden unterschiedlich bewertet.

Was sind denn nun die inneren Werte, die den Kampf in der Kampf-Kunst bestimmen, den Kampf mit sich selbst ausmachen? Dieses zu beschreiben ist eine der Schwierigkeiten, die dem „geistigen" Wesen des Do als Praxis von (Zen-) Philosophie oder „Reifungspsychologie" zugrundeliegen.

Diese Werte sind kaum zähl- und messbar. Sie unterliegen im wesentlichen immer der eigenen Beurteilung, der ständig notwendigen Selbstkritik, nämlich der Erkenntnis eigener charakterlicher Schwächen und Fehler, die es zu „bekämpfen", zu „besiegen" gilt. Dabei sind typische Unzulänglichkeiten, allzu menschliche individuelle Macken auch im Training - besonders im Zweikampf - häufig ganz offensichtlich.

Ein guter Lehrer (Sensei) und ein fortgeschrittener Schüler erkennen diese persönlichen Defizite, deren Bearbeitung das Ziel im Karate-Do dann wird. Sie gilt es im (nur vordergründigen) Zweikampf zumindest auch zu bekämpfen. Dazu eignet sich besonders das nicht-wettkampforientierte Randori, der nicht verbissene Zweikampf:

Der andere ist dabei nicht der zu bezwingende Gegner, sondern der hilfreiche Partner. Er stellt sich quasi zur Verfügung, damit der andere im „äußerlichen" Zweikampf gleichsam seinen „inneren" Kampf mit sich selbst führen kann, sich darum bemüht, seine charakterlichen Schwächen in den Griff zu kriegen, sich darin übt, sie zu erkennen und abzubauen.

Solche, z.T. ja auf jeden Menschen zutreffenden und von daher auch jedem selbst bekannten Schwächen und Fehler lassen sich auf zwei Polen festmachen, nämlich einem eher offensiven und einem eher passiven Pol. In einem von diesen gegensätzlichen Polen menschlichen Fehlverhaltens begründeten Spannungsverhältnis liegen die je unterschiedlichen Aufgaben des einzelnen, des Kampfes mit sich selbst im Karate-Do.

Die Ausbalancierung von Extremen ist das Ziel, die Übung gerade im Karate-Kampf ist der Weg dorthin. Die sich stellenden Aufgaben werden sehr wohl im Karate selbst, also im Kumite oder Randori, im Verhalten den anderen gegenüber oder im Verhalten während des Unterrichts sichtbar, aber natürlich auch im alltäglichen Leben.

Karate-Praxis ist wie eine Lupe für das Leben im Alltag, ein Brennglas für die menschlichen Eigenarten und deshalb auch eine Chance, sich hier zu erkennen, sich hier zu üben, um sich dann grundsätzlich zu verändern.

Der offensive Pol ist dabei bestimmt durch zu sehr nach außen gerichtete Einstellungen und Verhaltensweisen wie z.B. Geltungssucht, Übermut, Imponiergehabe, Arroganz, Siegeseifer, Profilierungssucht, Machtphantasien, Sich-Beweisen-Müssen, Aggressivität, Größenwahn, Leistungsorientierung, Über-Aktivität, Risiko-Lust, Zerstörungswut, Rücksichtslosigkeit, Egoismus, übertriebene Härte, Gefühlskälte,

Übereifer, Schauspielerei, Karrierismus, Besserwisserei, Machotum, Streitsucht, Ramboismus, Gewissenlosigkeit...

Der passive Pol ist gekennzeichnet durch eine zu sehr nach innen gerichtete Orientierung, die sich bemerkbar mache z.B. in: Mutlosigkeit, Versagensängste, Hilflosigkeit, Orientierungslosigkeit.
Misstrauen, Pessimismus, Abhängigkeit, Unsicherheit, Stillstand, Kontrollverlust, Sicherheitsdenken, Lustlosigkeit, Selbstmitleid, mangelnde Spontaneität, Verweichlichung, mangelnde Konfliktfähigkeit, Autoritätsglauben, Resignation...

Im Abbau dieser Extreme oder aber auch im Lernen, damit

umzugehen, liegt der Kampf gegen sich selbst. Das eine Extrem des Offensiv-Pols basiert auf Selbstüberschätzung, das andere des Passiv-Pols auf Selbstwertzweifeln.

Beides wird im Karate sichtbar. Man sieht es leicht bei dem anderen, weniger bei sich selbst. Man kämpft ja auch leichter mit einem anderen, als mit sich selbst. An sich selbst zu arbeiten, ist unbequem, der Erfolg nur schwer und langwierig zu erzielen, der Sieg über sich selbst ist allzu häufig nur zeitweise, kurzfristig, oft nur für den Augenblick. Und doch so wichtig.

Sich selbst nicht beweisen zu müssen, zumal in der Kampfsituation mit Partner, ist die eigentliche Karate-Do-Schulung, die leicht über die Lippen gehende Karate-Do-Philosophie und so schwer zu meisternde Karate-Do-Praxis. Wer kennt nicht das Bedürfnis, sein Können, seine Überlegenheit den anderen spüren zu lassen, ihm zu zeigen, dass man gut, dass man besser ist als er?

Sich zu beherrschen, zu (be-)zwingen, macht aus der - vermeintlichen - Niederlage (in den Augen des anderen) den eigentlichen Sieg. Den Sieg über sich selbst.

Aber auch sich nicht zu trauen, sich unterlegen zu fühlen, unsicher zu sein, ist ein Handicap in einer Kampfsituation mit Partner. Mut zu fassen, sich zu stellen und aktiv zu werden, ist hier der Erfolg, der eigentliche Sieg. Auch bei formaler Niederlage gegen den „Besseren".

Der Kampf gegen sich selbst im Karate-Do und somit im Budo überhaupt liegt in dem Versuch der Harmonisierung seiner selbst, der Überwindung von Selbstüberschätzung und Selbstwertzweifeln. Ziel des so verstandenen und betriebenen Budo ist es, durch Training und Übung zu einer realen Selbsteinschätzung zu gelangen, Selbstvertrauen und Selbst-bewußt-Sein zu entwickeln.

Über den Weg des Budo lässt sich dies lernen. Da die selbstsichere Persönlichkeit auf der Grundlage von Können, Wissen und Verständnis (also von Kompetenz) angemessene Selbst- und Nächstenliebesfähigkeit entwickeln kann und von daher zu Mitmenschlichkeit, Solidarität und Friedfertigkeit fähig ist, ist solche Budo-Praxis immer auch ein Weg zur Gewaltlosigkeit.

Auch sind die Ausbildungsinhalte der jeweiligen Kampfkunstrichtung, wenn es um die Ausbildung „Friedvoller Krieger" gehen soll, natürlich konsequent darauf ausgerichtet, immer weniger aggressiv, gewalttätig und offensiv auf Angriffe reagieren zu müssen.

Ob ein Stil tatsächlich einen systematischen Lehrplan hat und verfolgt, mit zunehmendem Können (Weg-Fortschritt) friedlicher zu reagieren (zu können), ist ein entscheidendes Kriterium und echter Gradmesser für Budo. Immerhin muss ja der Unterricht, die Ausbildung Friedvoller Krieger, die jeweiligen Budo-Schüler ja auch tatsächlich befähigen, bei Angriffen immer weniger gefährliche und schmerzhafte Techniken einsetzen zu müssen. Das ist eine „hohe Kunst" – weit schwieriger, als mit relativ einfachen, schnell-starken Brachialtechniken einen Gegner niederzustrecken.

Auf dieser recht primitiven Lernstufe (die auch Jahre dauern und so Manchen zu brillanten, sportlich wie real unbesiegbaren „Top"-Kämpfern machen kann) – bei allem Erfolg – stehen zu bleiben, wäre auf dem Budo-Pfad (zum Frieden) lediglich eine oberflächliche Anfängerstufe.

Ein Blick darauf, wie der stufenweise „Gewaltabbau" im Lehrplan des Budo-System des **Shoto-Kempo-Ryu** realisiert wird (einem technisch vielseitigen Kempo-Stil, der sich in der Nachfolgetradition des Shaolin, jap.: Shorinji, begreift), mag die Systematik des Weges zum „Friedvollen Krieger" exemplarisch verdeutlichen:

In seiner insgesamt 9-stufigen Ausbildung lernt der Schüler zunächst das effektive Kämpfen im Sinne des Bu-"Jutsu", also der erfolgreichen technischen Anwendung seines Kunsthandwerks. Diese Ebene hat 3 Stufen:

1. Zuvorkommen

Dem angreifenden Gegner bzw. seinem beginnenden Angriff wird durch eigne schnelle Attacke rechtzeitig (aber nicht voreilig!) durch einen Konter zuvorgekommen (Sen-no-sen: die Initiative im Angriff), bevor der Angreifer seinen Angriff ganz ausgeführt hat; was taktische und technische Weitsicht (Erfahrung) und technische Fähigkeiten (überlegene Schnelligkeit) voraussetzt.

2. Kontern, Kombinieren

Angriffe werden – gleichzeitig oder nacheinander – geblockt und mit eigenen Schlag-/Tritttechniken gekontert, (erfolgloser) Schlag wird mit (erfolgreichem) Gegenschlag beantwortet, Gegner durch „Härte" (Wucht, Dynamik, Ki) vom Ende (Sieg durch K.O.) oder der Sinnlosigkeit des Kampfes eindeutig überzeugt, durch Variation von Techniken (Kombinationen) besiegt

3. Fixieren, Immobilisieren

Angriffe werden „aufgenommen" und in Festhaltegriffe (Hebel) sowie durch alarmierenden Schmerz bedingte endgültige Fixierungen (z.B. am Boden) überführt, die jede weitere Aktion des Aggressors verunmöglichen, der Gegner wird durch Haltegriffe bewegungsunfähig gemacht, zur Aufgabe gezwungen.

Die nächsten 3 Stufen bedürfen kämpferisch-technischer Vielseitigkeit und größerer psycho-emotionaler Souveränität; sie bedienen in gewissem Sinne eine „Aikido"-Haltung des schon gewaltvermeidenden Friedvollen Kriegers im Sinne des Bu-"Do". Auf dieser 2. Ausbildungs-Ebene sind dies die Stufen:

4. Blocken, Lähmen

Angriffe durch „harte", schmerzhafte Blocktechniken abwehren, die körperliche (Waffen) und geistige (Kampfmoral) Energie „lahm"-legen (Kyusho, Atemi, Tsubo-Techniken); physische, also muskuläre, nervale oder knöcherne Strukturen einerseits und /oder die Psyche des Angreifers andererseits – am besten beides und gleichzeitig – „schocken", ohne eigene „Finaltechniken" anzuwenden bzw. anwenden zu müssen, der Gegner wird lediglich mit Erfolglosigkeit seiner Angriffe deutlich „bestraft" und gezwungen, seine Aktionen (durch Einsicht) einzustellen.

5. Umlenken, Verwandeln

Angriffen eine andere Richtung und Energie geben, sie durch eher „weiche", fließende, kreisrunde Umlenktechniken z.B.. in andere Bahnen führen, sie bei Schub (Stoß, Tritt des Angreifers) durch

Zug oder bei Zug (Griff, Hebel) durch eigenen hinzugefügten Schub, dem Agressor zurückgeben, unvermittelt weiterführen, ins Gegenteil verwandeln.

6. Ausweichen

Ist es für prophylaktisches Ausweichen (bis zur eigenen physischen Abwesenheit) zu spät, gilt es, den auf einen selbst gerichteten Angriffen auszuweichen; d.h. verbalen Attacken durch Ignorieren, Bagatellisieren, Ironisieren (...), und körperlichen Attacken durch technische Manöver: Allen Schlägen und Tritten das Ziel nehmen, durch Wegdrehen,

Abtauchen ausweichen, so dass nicht getroffen werden kann und dem Aggressor „die Luft ausgeht", die Angriffslust vergeht. Tai-Sabaki.

Die 3 Ebene der letzten 3 Stufen entspricht der moralisch-ethische Haltung und spirituelle Weitsicht (wie sozialer Kompetenz des Wesens von Butsu-Do (dem Weg des Buddhismus). Diese höchste Ausbildungsetappe ist das eigentliche Ziel und bedeutet die „wahre Meisterklasse" im Budo:

7. Verlassen / Weggehen

Wenn Aggression beginnt, den Ort oder Aggressor verlassen, die „Flucht" ergreifen, den Rückzug antreten, Kleinbeigeben,

Nachgeben, die vermeintliche Niederlage einräumen, Angst oder Unterlegenheit vortäuschen, um einen Kampf zu umgehen, (Niederlage als Sieg!)

8. Vermeiden / Nicht-Da-sein

Orte, an denen Gewalt entsteht oder auch Personen, die gewaltbereit sind, meiden, vorausahnend konfliktäre Situationen umgehen, vorsorglich durch absichtliche Abwesenheit keinen Angriffspunkt bieten

9. Verhindern / Verbieten

Höchste Stufe der Friedfertigkeit, impliziert aber auch „Macht",

Autorität oder Charisma oder gar die kämpferische Kraft, Stärke, Überlegenheit eines Großmeisters, seinen Einfluss auszuüben, um Aggressoren an ihrer Gewaltausübung zu hindern; politisch, moralisch, präventiv-erzieherisch, durch Verbot...

Insgesamt geht es im Budo um die durch Erfahrung im Kampf und durch zunehmende technische wie mentale Selbstbeherrschung am Ende gewonnene Erkenntnis: Kampfkunst ist die Kunst, durch das Kämpfen-Lernen und Kämpfen-Können den Kampf zu transzendieren und den Nicht-Kampf zu verwirklichen!

Nur dann ist Budo eine echte Ausbildung „Hoher Kunst", eine Kampfkunst und Lebensart, der Weg der „Friedvollen Krieger".

DO - Der Weg ist ein Kreis

Dass der Weg das Ziel ist, ist uns durch das oft zitierte japanische Sprichwort bekannt – nicht aber die wahre Bedeutung wirklich vertraut, das dahinter stehende Prinzip etwa zu eigen. Den Budo-Künsten schon – basiert doch ihre ganze Ideologie auf genau diesem „Do"-Verständnis, wonach das Gehen und Vorankommen auf dem Weg das Entscheidende ist, nicht das endliche Ankommen. Nicht das Erreichen von Etwas ist wichtig, sondern das Bemühen; nicht das Ergebnis, sondern der Prozess dorthin.

Wenn nicht ein Ziel das Ziel ist, sondern der Weg selber, jeder einzelne Schritt, der den Weg, den man geht und zurücklegt, unter den eigenen Füßen erst entstehen lässt, ist das Gehen, das Tun entscheidend. Das Üben ist wichtiger als das Können. Üben des reinen Übens willen (nicht des bloßen Perfektionierens willen) ist das Eigentliche, das zentrale Lehr- und Lerngebäude im Budo, weil das Üben als solches so lehrreich ist und den Menschen bildet.

Das Üben an sich, ein- und dasselbe immer und immer wieder, und jedes Mal so, als sei es das Erste Mal, ist, was sowohl dem besseren Lernen und Verstehen des zu Übenden dient, wie dem Menschen, weil es den Charakter des Übenden schult.

Auf genau diese Weise, in der man sich einer Übung zum tausendsten Mal immer wieder neu stellt, unvoreingenommen, mit offenem Geist und Herzen, stets neugierig auf die der Übung innewohnende Erfahrung, entsteht Fortschritt auf dem Weg des Budo:

Fortschritt im „tiefen" (im Zen-Sinne des auf den Kern einer Sache konzentrierten) Durchdringen des geübten Inhalts, wie Fortschritt im auf

Selbsterfahrung angewiesenen Reifen der Persönlichkeit. Das befördert die „Meisterschaft"; und zwar im technischen wie geistigen Kontext des Vorankommens.

Diese Idee, am Üben der reinen Übung willen zu wachsen, geht im Budo so weit, dass wenn irgendwas tatsächlich nahezu vollkommen beherrscht wird (ein Schlag, Block, Tritt, eine Form), eben neue Aufgaben auf die Übenden zukommen; Ausführungsalternativen, zusätzliche Bewegungen oder neue, andere Techniken, anspruchsvollere Kata, um die Schwierigkeit wieder zu erhöhen und weiteres Lernen zu fördern.

Denn „Können" von Etwas zählt auf dem „Do" weniger, als der

Eifer und Fleiß, es zu erlernen. Anstrengungen, das Bemühen, das Arbeiten an Etwas, es zu „studieren", das Werden gelten als wertvoll und werden höher bewertet und geschätzt, als das Fertigsein, das nur Stillstand ist.

Ein Lehrer also, der sich selbst nicht mehr als Lernender, als Schüler begreift, hat verwirkt, Sensei, also Lehrer im Sinne des Weges zu sein. In der Budo-Philosophie und -Praxis des ist wichtig, dass es immer weitergeht, nie aufhört, es kein Ende, keine Perfektion, keinen Zustand des irgendwann irgendwo Angekommenseins geht, weil jedweder (Lern-)Stillstand Tod bedeutet.

Das Werden, Wachsen, die Wandlung, fortwährendes Streben, vorwärts und voran bezeugen hingegen Leben und führen zu steter, nie endender Vervollkommnung.

So sind also alle Budo-Weg-Künste im Prinzip auf lebenslange Aus-Übung hin angelegt, so schwierig und kompliziert, dass man nie auslernen kann, und so einfach und klar, dass man jederzeit genau weiß, was in welchen „Dosen" zu bewerkstelligen, zu leisten ist. Denn jeder Weg hat seine Streckenabschnitte (Shu – Ha – Ri) und Lernstufen (Kyu-Ggrade der Schüler, Dan-Grade der Meister, Renshi – Kyoshi – Hanshi -Grade der Lehrer), in denen das jeweils zu Bewältigende dem Weg-Schüler in vernünftigen Etappen zur Aufgabe gemacht wird. Endlos.

Im Budo lernt man niemals aus – und wer meint, er könne, wisse und verstehe alles, hat nichts begriffen. Alles ist steigerungsfähig, verbesserbar, nichts jemals wahrhaft vollendet.

Ist eine Stufe erreicht, gibt es keine Pause, kein Ausruhen im Stolz und Erfolg, weil man nun auf der neuen Stufe wieder Anfänger ist. Stufe für Stufe, Weg-Schritt für -Schritt, fort und fort, sind Fortschritt. Die Kultivierung dieses Anfängergeistes (Seishin) ist ein elementares Anliegen der Weg-Künste. Ohne ihn erstarrt bisher Gelerntes und bis dahin Gekonntes zur toten, bloß äußeren Form auf der einen Seite und selbstherrliche Koketterie und Eitelkeit auf der anderen Seite.

„Do" lehrt die Bescheidenheit, zu wissen, dass man immer zu wenig, ja eigentlich nichts weiß – und zwar um so bestimmter, je mehr man weiß (oder meint, zu wissen). Profilierung mit technischem Können, mit Brillanz, Leistung und Erfolg ist dem Wesen des Budo fremd (und allenfalls akzeptabler Aspekt des Sports). Es gilt, anzuerkennen, überzeugt zu sein davon, dass Budo ein innerer Schulungsweg ist, dessen besondere Qualität gerade darin besteht, dass er niemals zu ende ist und jedem, der ihn gehen will, unaufhörlich Neues verspricht. Manchmal ist es aber gerade das, was dem modernen Menschen, der bei uns in erster Linie zu Leistungsorientierung erzogen wird, so fremd, gar zuwider ist, Angst macht und Unbehagen bereitet.

Etwas nämlich zu tun, das nicht verspricht, irgendwann abgeschlossen und belohnt zu werden, wenn man damit „fertig" ist, entspricht ja nicht unseren westlichen Gewohnheiten und unserem Denken, unserer Mentalität und hiesigen Lebenskonzepten. Es ist aber typisch asiatisch, ist Budo. Der einzige Lohn im Budo ist stetig wachsende Erkenntnis – und die Aussicht, dass es sogar noch immer weiter geht...

Der unendliche Weg wird daher oft als Kreis (Dokan) dargestellt, um zu verdeutlichen, dass selbst in der Wiederholung, wie in einer endlosen Spirale, das vermeintlich Selbe auf höherer Stufe, auf fortgeschrittenem Niveau beleuchtet und neu, als etwas Anderes gelernt werden kann – auch als „Meister" wieder mit den Augen eines Anfängers: Der einfache Fauststoß ist für den Schüler wie den Meister (auch nach zigtausendfacher Ausführung im Laufe vieler Jahre) eine stetige Herausforderung – auf unterschiedlichem Qualitätsniveau zwar, aber doch kann jeder ihn verbessern.

Es geht immer noch genauer, schneller, weicher, mit mehr Energie, effektiverer Atmung, ökonomischerer

Ganzkörperbewegung, einer kleinen technischen Veränderung, die das Ganze noch besser macht. Oder mit mehr Bewusstheit, einer gesteigerten Achtsamkeit, die Wirkung auf sich selbst wahrzunehmen, die Bewegung feinstofflich im Fluss zu spüren, sie zu sein, über sie, mit ihr zu meditieren...

Wenn rein physisch eine Technik, Bewegung, äußere Form nach menschlichen Grenzen „ausgereizt" ist, beginnt die „innere", mentale, psycho-emotionale, intellektuelle und spirituelle Praxis derselben. Dann ist der Geist leer, frei von körperlicher Gebundenheit ans motorische Lernen, und Zen in der Bewegung kann beginnen.

Kampfkunst ist Bewegungsmeditation. Die Technik ist dann nicht mehr Technik, sondern ein Teil von mir, ja ich bin die Technik selbst. Verbessere ich sie, verbessere ich mich selbst – und umgekehrt!

„Do" heißt, dem Üben einen Sinn zu geben, einen neuen, anderen Sinn, der das Tun selbst zum eigentlichen Wert des Übens erhebt. Budo ist ein Weg der Praxis. Man kann ihn nur durch das eigene Gehen gehen, durch Üben der Übung willen, nicht durch noch so intelligente Analyse, Lesen, Debattieren, Reflektieren – es ist ein Weg, der erst durch die eigenen Schritte unter den eigenen Füßen entsteht. Nur die Erfahrung zählt; und wie lange man sich bemüht, nicht welchen Rang man hat (das muss nämlich keineswegs immer korrespondieren).

„Do" ist auf Dauer angelegt. Er entfaltet seine Wirkung und eigene Qualität erst im jahrelangen Beschreiten. Aber er hält auch Hürden bereit, Steigungen, Gefälle, Dschungel-Dickicht wie öde Wüsten und sumpfigen Morast, Abgründe gar.

Doch alle diese Schwierigkeiten sind stets selbst gemacht, denn es ist ja der eigene Weg, den man sich macht – und wer sich, lieber schnelle Abkürzungen sucht, Abwege (als Irrwege) inkaufnimmt, dem hat entweder ein Lehrer gefehlt, ein kompetenter „Scout" als Weg-

Führer, oder man hat eine Persönlichkeit, die für die Lehre und Praxis des Budo unerreichbar, ungeeignet ist, weil man gar keine Weisheits- und Lebenslehre oder Charakterschule sucht, sondern nur schnellen Erfolg (Schwarzgurt, Prestige, Geld).

„Do" ist darauf angewiesen, von jemenadem, der um die besonderen Schwierigkeiten des Weges aus eigener Erfahrung weiß, begleitet zu werden, von einem Sensei. Nur ein Weg-Lehrer kann Schüler auf ihren Weg führen, sie motivieren, niemals aufzugeben und alle Anstrengungen auf sich zu nehmen, die Richtung zeigen, die hilfreiche Hand reichen, Vorbild sein.

„Do" ohne echten Lehrer gibt es gar nicht, ohne echten Schüler, denn „Do" ist nicht Sport oder Hobby. Es ist eine Lebens-Philosophie und -Praxis sowie systematische Schulung der Weiterentwicklung von Persönlichkeit durch Zen-orientiertes Bewußtseinstraining im Tun von Immer-wieder-demselben auf immer wieder neue Art.

„Do" und Zen sind die spirituelle Basis der Kampfkunst, die Kriterien, die dem Üben und Lernen jenen Geist geben, die ihn über das bloße Trainieren des Körpers, Bewegung und Technik hinausheben. „Do" hat eine Tradition, eine Jahrhunderte alte Kultur, die weit mehr ist, als es eine kleine Wort-Silbe bloß neusprachlichen Anhängsels an die Namen moderner Kampfsportarten zu etikettieren vorgibt.

Zum wahren „Do" gehört essentiell, dass die ganze Theorie und Praxis allein der inneren Schulung des Menschen gewidmet ist und nicht der Orientierung an äußeren Zielen sportlichen Erfolgs.

Es gibt kein Sport-Karate-Do oder etwa einen Budo-Sport, keinen Retorten-Zwitter, sondern wirklich nur ein Entweder-Oder, Ganz-oder-gar- nicht.

Was heutzutage versucht wird, ist, in das moderne Karate "Do"-Aspekte zu integrieren, aber wenn dies halbherzig geschieht und sich auf das Üben der Schüler nicht auswirkt, ist das Augenwischerei und dem Zeitgeist geschuldet, mit den traditionellen Budo-Werten auch die gänzlich davon unterschiedenen olympischen Kampfsportarten Image-fördernd aufzupolieren. „Aerobic-" und „Sound-Karate" als „Karate-Do" zu verkaufen, ist entweder reine Unwissenheit oder, das ist schlimm, sportpolitischer Etikettenschwindel.

So was führt dazu, dass in der Öffentlichkeit immer mehr die originär völlig unvereinbaren Grenzen von Budo und Wettkampf verwässert werden, das Wesen des Budo entstellt, der Sinn pervertiert wird.

Der Sport kann „Do" nicht für sich vereinnahmen; er zerstört die eigentliche Intention des Weges, der sich selbst Wert genug ist.

Die wenigen und kleinen Budo-Systeme, -Schulen und -Dojo, die in dieser modernen, auf Profit und Kurzlebigkeit ausgerichteten Welt noch existieren, sind wie zarte, herrlich blühende wilde Wiesenblumen, die der massenhaften Monokultur-Anpflanzung von im Labor gezüchteten Gen-Mais in geopfert werden.

Leuchtende Pokale zählen den meisten Menschen halt mehr, als Erleuchtung – und andere zu besiegen ist auch leichter, als sich selbst...

道場

Dojo – (1)
Der Tempel

Dojo, wörtlich „Ort, an dem der Weg geübt wird" und ursprünglich ein Begriff aus buddhistischen Klöstern für die Meditationshalle der Mönche, meint im Budo ebenfalls zum einen den konkreten Raum für die Übungen, hier der theoretischen wie praktischen Lehre der jeweiligen Kampfkunst, zum anderen aber auch die eigene Gruppe der regelmäßig miteinander Übenden, sprich Mitschüler bzw. Mitglieder derselben Schule oder des Vereins.

Ein Dojo also zunächst als Ort, an dem der Weg geübt, d.h. Do praktiziert wird, ist demnach aber mehr als nur eine Turnhalle oder ein Trainingsraum. Eine öffentliche Turnhalle, in die Kampfsportler eines Vereins in Ermangelung eines eigenen Gruppen- und Übungsraumes häufig gezwungen sind, zu gehen, ist natürlich schon deshalb kein Dojo im eigentlichen Sinne, weil es nicht allein der Ausübung der eigen Kampfart gewidmet und nicht gezielt daraufhin eingerichtet ist. Immerhin teilt man sich die Halle mit Freizeit- (und manchmal auch

Leistungs-)sportlern aller möglichen und weitverbreiteten Ball-, Geräte- und Individualsportarten, zu deren Training der Hallenboden mit unterschiedlichsten Markierungen für verschiedene Disziplinen gekennzeichnet ist.

Auch dominieren hier sportartspezifische Besonderheiten (Tore, Körbe, Netze, Seile, Kletterwände, Bänke, Kasten) und technisches Equipment zur obligatorischen Durchführung von Schulsport oder öffentlichen Wettkampfveranstaltungen (große Uhren und Anzeigen, Geräteräume, Tribünen, bei großen Hallen außerdem automatisch sinkende Trennwände).

Für diesen Zweck sind die modernen Hallen großzügig konzipiert und bestens geeignet. Möglicherweise können sie auch für Massenlehrgänge im Kampfsport dienen, zu denen die großen Verbände ihre Karate-, Judo- oder Taekwondo-Mitglieder zuweilen einladen und oftmals ja auch hunderte erscheinen, um bei dem gerade angesagten Meister XY mitzutrainieren und auf aktuelle Technik-Moden (die ja immer wieder wechseln) orientiert zu werden.

Aber für die Durchführung von traditionellem Kampfkunstunterricht jedoch können sie nur schwerlich herhalten, da all das Moderne, Nüchtern-Kalte eben dem reibungslosen Massenbetrieb geschuldet ist, nicht aber der im Budo notwendigen Konzentration der Schüler auf das Wesentliche, der „inneren" Wahrnehmung ihrer selbst und ganzheitlichen Bewusstseinsschulung.

Eine Turnhalle animiert nicht gerade zur im Budo erforderlichen „Besinnung" (auf sich, seinen Körper, seine Bewegung, seinen Geist), aber nicht nur das, sie erschwert es geradezu. Darum sind die Budo-Dojo in der Regel so ausgestattet, dass sie die Aufmerksamkeit der Schüler nicht ablenken, sondern die konzentrierte Arbeit mit und an sich selbst gezielt unterstützen.

Insofern sind die Dojo meist alle sehr spartanisch-schlicht gehalten, einfarbig weiß gestrichen, mit wenig Zierrat und mit echtem, oft edlem Holzfußboden (und/oder Tatami-Matten). Das rührt noch aus der japanischen Zen-Kultur der schnörkellosen, auf den Punkt gebrachten Schönheit im Einfachen und Wenigen, der Perfektion im Weglassen des Unnötigen.

Die Schlichtheit und Einfachheit vor allem japanisch eingerichteter Dojo ist schon kunstvoll an sich, strahlt sie doch aus, worum es in diesem Raum als Ort systematischer Weg-Übungen als ganzheitliche Schulung und intensives Bemühen darum geht: Reine Bewegung, Begegnung und Besinnung. Und zwar „rein" im Sinne der puren, ausnahmslosen und vertieften sowie „sauberen", echten und exakten. Zu 100%.

Durch seine besondere Architektur (in der die Raumseiten jeweils einer Himmelsrichtung sowie jeweils den Besuchern, den Schülern, den Meisterschülern und schließlich die Ehrenseite dem Lehrer gewidmet ist und so offenkundig den Weg vom Laien zum Meister als einen Kreis (Dokan) beschreibt) sowie durch sein besonderes asiatisches Ambiente strahlt dann spürbar die Atmosphäre eines Dojo aus, was zum Lernen und Lehren der Kampfkünste so wichtig ist: Ruhe, Stille, eine gewisse Erhabenheit, die Wertschätzung der kleinsten Kleinigkeiten, Orientierung auf das Wesentliche.

Alles hier ist allein diesem Sinn und Zweck und dem einzigen Ziel aller Aktivitäten an diesem Ort untergeordnet: Der Gewinnung von „Selbst"-Erfahrung, „Selbst"-Bewusstsein und „Selbst"-Erkenntnis durch Budo-Praxis. Diesem „geistigen" Anspruch - und der permanenten Erinnerung aller Aus-Übenden daran, worum es immer gehen soll - wird das „Heiligtum" eines jeden Dojo symbolisch gerecht, das quasi überall als „Altar" im „Tempel", der ein Dojo für viele Budoka ist, dient:

Der Kamiza, jap. „Sitz der Götter", oder auch nur Shomen, was etwas undramatischer nur „Stirnseite" des Raumes bedeutet, kennzeichnet die typische Ehren-

oder Haupt- bzw. Frontseite jedes Dojo (von der aus auch die gegenüberliegende Schülergemeinschaft unterrichtet wird). Hier wird den höheren (eigentlichen) Zielen gehuldigt, auf die alles im Budo (und auch tatsächlich alle Schüler im Unterricht visavis zum Lehrer) ausgerichtet ist.

Diese höheren Ziele und Werte werden in der Regel durch aussagekräftige, damit wirksame klassische Symbole charakterisiert: durch ein Zen-Arrangement von Blumen, Räucherwerk und Kerze, oder Blume und Schwert, eine Kalligraphie (oft mit philosophischer Bedeutung) oder gar eine Buddha-Statue.

Dies um zu verdeutlichen, dass es um mehr, um Spiritualität, um Werte, Ideen, Ideale geht, um „Inneres" und nicht um profane Äußerlichkeiten wie Erfolg, um Sieg und Niederlage etwa.

Eine (stets frische, schöne) Blume, die mit ihrer Blütenpracht fürs volle, junge Leben steht; ein Schwert für den Tod, dem stets ins Auge zu sehen ist, oder auch für die Frage der rechten Ent-Scheidung (ganz oder gar nicht), die zu treffen im Leben oft so schwierig wie notwendig ist; eine entzündete Kerze, die, ebenso wie das Räucherstäbchen, eine gewisse Feierlichkeit ausdrücken soll, die über den Alltag hinausgehende Erhabenheit des Raumes betont und aller und allem der darin Befindlichen, sprechen eine deutliche, für alle erkennbare Sprache, ohne dass darüber erst Vorträge gehalten werden müssten.

Die Schüler verstehen die Symbolik und die budobezogenen Aussagen ohne Worte. Sie spüren die Kraft. Das ist ja gerade die Magie der Symbole. (Die nutzt man im Westen ja übrigens auch ganz gezielt, um Stimmungen zu erzeugen.)

Eine japanische oder chinesische Kalligraphie, die eine taoistische, konfuzianistische oder buddhistische Weisheit verkündet oder direkt in Bezug auf die Budokünste und auf edles Rittertum (wie Aufrichtigkeit, Gerechtigkeit, Güte, Höflichkeit,

Wahrhaftigkeit, Ehre und Treue aus dem Bushido) steht oder eine Kopie von „Heiligen" oder „Großen Kriegern" (wie Schwertmeister Musashi) selbst geschaffen Werke, vermag ebenfalls hinzuweisen auf etwas Höheres, um das es im Budo geht und um das alles Üben sich lohnt.

Ein Hinweis auf „geheimes", esoterisches Wissen um die wahren Hintergründe der Kampfkunst (Okuden), eine Botschaft gar, sich zu bemühen, sie zu entschlüsseln, zu verstehen, danach zu leben...

In vielen Karate-Dojo findet man häufig die 20 Grundsätze des rechten Übens und Betreibens des Karate-Do von Funakoshi Gishin, dem „Vater des japanischen

Karate" (1868-1957) auf einer Schriftrolle, die z.B. besagen, dass der Geist wichtiger ist, als die Technik.

Die Schüler verneigen sich dann in speziellen Ritualen der Budo-Etikette, Reigi, gemäß allesamt vor dem japanischen Rollbild oder rezitieren Teile daraus als ihr Dojokun, dem Motto oder übergeordneten Leitbild des Dojo, um es durch Wiederholung (auch sich selbst gegenüber) immer wieder zu bekräftigen – und sich selbst natürlich daran zu halten.

Manchmal aber wird der Dojo-„Altar" auch nur mit einem Foto des Stilbegründers (was zu sehr „personenkultig" und, weil nicht verallgemeinernd, sondern individuali-sierend, recht speziell anmutet), wie meist beim Aikido das Bildnis von Ueshiba Sensei, geschmückt, oder vielleicht auch nur mit der Fahne des Ursprungslandes der jeweiligen Kampfkunst (was als nationalbetont nicht gerade den offenen Frei-Geist inspirierend wirken dürfte), wie oft beim Taekwondo mit der Korea-Flagge - wobei manchmal dann bloße Idole mit echten Idealen verwechselt werden und der geistige Wesensgehalt, was Budo anbelangt, dieser obligatorischen Ehrenbezeugung leicht abhandenkommen kann.

Es gibt auch eher ungewöhnliche und vom jeweiligen Dojo-Leiter selbst inszenierte und (was selbstverständlich in seiner Macht steht und Sinn macht) ganz persönlich favorisierte Symbole, die aber auch auf (aus Sicht des Meisters) bedeutsam Hintergründiges im Budo hinweisen wollen, die Schüler orientieren sollen, und das ganz gut: eine Schale Wasser, die für die Klarheit und Reinheit des Geistes (seine Unbeweglichkeit auch im Stress, so dass sich darin das Wesentliche des Augenblicks in ihm abbilden kann, wie der Mond auf der Oberfläche des unbewegten Wassers) stehen soll; ein Spiegel, der verdeutlicht, dass es immer und nur um Dich, einen selbst geht im Budo, ja der Meister schon in einem steckt und auf Deine Ent-Wicklung durch Arbeit wartet; ein Metronom, das Dir sagt, „JETZT, JETZT!

Aufwachen!" oder „Deine Zeit, Dein Leben verstreicht, wenn Du's nicht endlich bewusst lebst!"

Fest steht, dass ein Kamiza oder Shomen jener Ehrenplatz und Ort im Dojo ist, der dem übergeordnet Höheren geweiht ist. Und klar machen soll, dass alles Bemühen in vordergründiger Technik und Bewegung, ja jeder Budo-Übung, letztlich doch nur dem Einem dient:

Deiner persönlichen Weiterentwicklung als Mensch, Deiner Reifung und Ganzwerdung, Vervollkommnung, „Erleuchtung" (wenn man hier Mal so sagen darf) als spirituelles Wesen. Und zwar jenseits der körperlichen Ausbildung, des Schwitzens, Leidens, Schmerzes vielleicht, auch des Könnens, Wissens, Verstehens. Sondern durch Erfahrung allein! Auf genau diesem Weg des Übens und Tuns: BUDO.

Insofern müssten nun alle, die gezwungen sind, in einer Turnhalle zu üben, weil sie nun mal kein eigens Dojo haben, versuchen, wenigstens jenen zentralen Budo-Aspekt von Dojo zu realisieren, indem sie einen kleinen (mobilen) Shomen jeweils zu ihren Hallenzeiten mitnehmen oder immer wieder aufbauen und einrichten, um zu verdeutlichen, das etwas Anderes eine auch noch eine Rolle spielt.

Sie können dadurch ein Zeichen setzen, das alles Üben eigentlich einem höheren Zweck dient und somit ausdrücken, dass ihre Turnhalle nunmehr ein Dojo sein soll. Jeder Shomen, auch ein solcher mobiler, so simpel und karg er auch sein mag, hat Kraft, wenn man ihm Bedeutung beimisst! Und die wirkt auf alle anderen mit.

Manch einer hat schon behauptet, sein Dojo sei überall, auf der grünen Wiese, im Wald, am Strand – wo auch immer er sei und Budo übe. Daran imponiert die Überzeugung, dass Budo nicht von einem geschlossenen Traum abhängig ist, sondern vom Geist des Ausübenden. Das ist sicherlich soweit auch richtig.

Allerdings ist eine errichtete Kirche auch eine Kirche selbst dann, wenn man auch außerhalb von ihr predigen und glauben kann, so wie ein Dojo ein Dojo ist, selbst wenn man außerhalb lehrt, lernt und praktiziert, und es ändert an dem Wert des „Zuhause" (das einem ein Dojo wird) nichts, wenn man unterwegs, auf Reisen ist. Im Gegenteil.

Ein bestimmter, fester, immerwährend gleicher Ort, der mir Sicherheit, Zuflucht, Orientierung gibt, an den ich mich zurückziehen kann und an dem ich mich wohl fühle, bringt jene Ruhe und auch jene Ordnung in den andersgearteten Alltag, die diesen Raum zu einem beinahe sakralen Raum werden lassen, weil er mir eine eigene Erlebniswelt bietet, die ebenso Rückzug (Entspannung) wie Arbeit (Anspannung) erleichtert. Ich bin beschützt vor den Unbilden der Natur, Sonne, Regen, Wind und Wetter, wilden Tieren (und seien es nur lästige Insekten), anderen Menschen und überhaupt allen störenden Einflüssen, die mein Üben erschweren. Im sauberen, temperierten, schützenden Dojo kann ich mich auf Gewohntes verlassen, mich hingeben meiner Konzentration und Übung.

Wenn ich mal mein Sofa nach draußen stelle, um dort fernzusehen, bleibt mir doch mein behagliches Wohnzimmer das Zentrum meines Daheim. Man kann alles überall, und doch gibt es Orte, an denen es schöner, leichter, besser funktioniert. Und ein Dojo, das ich immer aufsuchen kann, ist durch allerschönste Naturkulisse nun mal in seiner dauerhaft unterstützenden Wirkung auf meine Praxis nicht zu toppen.

Es ist überdies nicht ein nur irgendein Raum, sondern DER Raum, immer der verlässlich absolut gleiche, in dem meine Erlebnisse zu Erfahrungen - und meine Erfahrungen zu Erkenntnissen - reiften.

Wie gesagt, man kann überall beten – und doch ist's in der Kirche DER Ort, an dem man dem Ganzen und Sinn und Zweck sich näher wähnt...

All dies ist Dojo - kein Trainingsraum also, denn nicht

„Training", das ja von der Definition her schon zuerst und eigentlich ganz ausschließlich die systematische Verbesserung spezieller (Teil-)Leistungen meint, steht im Vordergrund, sondern die persönliche Unterweisung in der Budo-Lehre als „Körper-Seele-Geist"-Weg, die Schulung des ganzen Menschen eben.

Man spricht daher im Budo auch nicht von „Training", zu dem man geht oder einen Trainer, den man hat, sondern vom Unterricht und Lehrer (wie übrigens beim Ballett auch), um auszudrücken, dass es nicht, wie im Sport, um nur äußerliche, technische und funktionale Verbesserung von Irgendwas, sondern im Budo als eben Kampf-"Kunst" um eine umfassende Ausbildung des ganzen Menschen und, wie man auch immer wieder hört, um klassische „Charakterschulung" der Ausübenden geht, um das Verinnerlichen einer großen Lehre – des rechten Kämpfens und des rechten Lebens.

Dojo – (2)
Die Gemeinschaft

Hier treffen sich also nicht „Trainingskollegen", „Vereinsmitglieder" (obwohl natürlich auch im Verein, was ja nur eine Organisationsform darstellt, Budo betrieben werden kann) oder „Sportsfreunde", sondern Menschen, die miteinander, voneinander und aneinander doch in erster Linie sich selbst und das Leben ergründen, sich selbst suchen und finden wollen.

Dojo meint somit zweierlei: den besonderen Ort des Weg-Übens einerseits, und jene, die darin sich intensiv um Weg-Schulung bemühen, andererseits. Dojo ist also immer auch der Name für eine Gemeinschaft Gleichgesinnter, die dasselbe wollen und tun, mit Herz dabei sind. Nicht für eine Gruppe Schüler eines bestimmten Ryu, denn eine Gruppe ist noch keine Gemeinschaft, und eine Gemeinschaft Gleichgesinnter schon gar nicht.

Eine Gemeinschaft geht im inneren Zusammenhalt über äußere, formale Kriterien einer bloßen Zugehörigkeit hinaus. Sie ist geprägt vom gemeinsamen Geist, was auch mehr ist, als das gleiche Interesse. In einem echten Dojo sind sich die Mitglieder Freunde und Partner, und wenn das Dojo, wie es sein sollte, nicht allzu groß und hinsichtlich aller Personen und individuellen Persönlichkeiten von allen überschaubar ist, geht es in gewissem Sinne auch familiär zu.

Bei den chinesischen Systemen spricht man in deren Dojo (chines. „Kwoon") untereinander auch von „Großer Bruder" oder „Kleine Schwester" (wenn dieser länger bzw. jene kürzer als man selbst praktiziert), Lehrer werden als „Väterlicher Meister", dessen gleichrangige Kollegen als „Onkel" tituliert. Hier kommt eine besondere Nähe der in einer Budo-Gemeinschaft miteinander Praktizierenden zum Ausdruck, die dort obligatorisch, aber in keinem Sportverein Gang-und-gebe ist.

In einem Dojo kennt jeder jeden mehr oder weniger gut, aber persönlich, und zwar durch gemeinsames Üben, aber auch gemeinsame Freizeiten, die zuweilen mit allen Schülern (oder auch mit deren Verwandten) durchgeführt werden.

Gemeinsame Events, wie regelmäßig klassische Sojis (Reinigungs- und Renovierungsarbeiten an Haus und Hof), die zur Etikette gehören und an denen daher jeder nach Kräften – freiwillig – mitmacht, kleine und größere Feste (z.B. nach Gürtelprüfungen oder zu bestimmten Jahreszeiten) oder auch gemeinsame Ausflüge (z.B. Rad- oder Kanutouren, Wanderungen) oder gar Urlaub (mit Praxis natürlich) garantieren Kennenlernen, Austausch der Budo-Erfahrungen und des Wissens, Dojo-bezogenes Zusammenwachsen, menschlichen Zusammenhalt.

Die Mitglieder einer Schule sind es, die den „Laden" ausmachen, die Säulen des Ganzen, immerhin ja auch jene, um die es schließlich geht. Auf ihren Schultern lastet auf Gedeih und Verderb die Existenz eines Dojo, der (gute wie schlechte) Ruf, ja, in gewissem Sinne das Renommee des Budo überhaupt, deren Vertreter sie immer sind.

Wenn die Schüler eines Dojo sich nicht als wirkliche Gemeinschaft Gleichgesinnter (als Übungs-, Arbeits-, Lebens-, Interessen- und, vorübergehend, Wohngemeinschaft) begreifen oder erleben, wird es nicht im Geiste des Budo leben und auf Dauer zugrunde gehen, jedenfalls als traditionelles Budo-Dojo.

Vielleicht überlebt die Schule (von Außen in seinem etwaigen „Abstieg" aus der Königsklasse in die unterste Liga unbemerkt) als erfolgreicher Kampfsportverein oder wirtschaftlich funktionierender Club – aber wahres Budo ohne diesen Dojo-Gemeinschaftsgeist, in dem alle der gemeinsamen Sache willen und durch Dick und Dünn zusammenhalten, ist nicht möglich.

Nur Schüler, die wirklich bereit sind, viel zu geben (weil sie ja auch viel bekommen), viel von sich, an Persönlichkeit, Energie, Mitarbeit, auch Freizeit und manchmal auch Geld (z.B. um ein schuleigenes Gebäude, das „eigene" Dojo eben, instandzuhalten, einen Garten anzulegen o.ä.) sind Schüler im Budo-Sinne. Engagement und Idealismus sind treibende Motivation, Herzschlag des Ganzen.

礼儀

REIGI – Die Etikette

Die Rituale und Zeremonien, Gesten und der Ehren- und Verhaltenskodex im Budo, ausgedrückt in der dem traditionellen Budo ganz eigentümlichen Etikette (Reigi), sind wesentliche Bestandteile des Weges, der Übung und der Meisterschaft.

Die Bedeutung dieser Etikette und ihrer besonderen Rituale ist zentral, denn sie geht weit über das hinaus, was man im Westen einfach unter „Regeln" oder „Disziplin" versteht. Die Ritualpraxis der Budo-Etikette ist mehr als ein bloßes Regelwerk, eine nur formale Abläufe organisierende „Ordnung":

In der Etikette drückt sich die rechte "Innere und Äußere Haltung" des Budo und auch desjenigen, der Budo praktiziert, des Budo-ka, aus und offenbart das rechte Verständnis des Weges (Do) und das Bemühen um Fortschritt.

Das heißt, nicht dass, sondern wie ich die Etikette „bediene" (besser: mich ihrer bediene) und ausübe, um meiner Haltung gegenüber dem Do, Stil (Ryu), der Schule (Dojo), dem Lehrer (Sensei) oder

Mitschüler Ausdruck zu verleihen, ist dabei entscheidend. Im Budo heißt es, das man an der Art, wie man sich verneigt, den „wahren" Kampfkunst-Meister erkennt, oder wie die Schüler ihre Kleidung sortieren (z.B. ihre Schuhe am Eingang ausrichten) davon zeugt, wie weit sie bereits im Budo schon fortgeschritten sind.

Der Etikette muss man die Bedeutung beimessen, die zentrale Säule des „geistigen" Budo insgesamt zu sein. Als Relikt des Verhaltens- und Ehrenkodex der Samurai (Bushido) und auf der geistig-kulturellen Grundlage asiatischer Philosophie (besonders des Konfuzianismus) hat das Wesen der Etikette nicht nur historische Wurzeln, sondern zum rechten Verständnis des Ganzen essentielle Tragweite. Kampf-"Kunst" ohne Etikette ist keine. Sie ist wäre dann zum bloßen Kampfsport verkommen, da sie dadurch wichtiger „geistiger" (innerer) Schulungswege beraubt und auf moderne (äußere) Maßstäbe reduziert ist.

Während im Sport die Etikette nebensächlich, ja - weil unfunktional - zur Erlangung des Erfolges sogar hinderlich ist und z.B. aus der ursprünglichen Meditation vor und nach dem Unterricht (Mokuso) im Fersensitz (Seiza) nur noch eine oberflächliche, allenfalls exotische Begrüßungszeremonie vor und nach dem „Training" übrig geblieben ist, ist echtes Budo ohne diese geistige Übung, sich für das Neue zu leeren, zu sammeln, undenkbar.

Die spezielle Budo-Etikette ist zunächst vergleichbar mit einer eigentümlichen, fremden Sprache, dessen „Vokabular" man zusätzlich zu den körperlichen Abläufen erlernen muss und dessen Sinn einem am Anfang erst einmal verborgen bleibt. Eine Verneigung bei Betreten des Dojo ist anfangs einfach nur eine übliche Regel, ein Muss – später verbindet man vielleicht mit diesem vermeintlich äußeren Ritual auch ein inneres Gefühl, geprägt durch die vielen Erfahrungen, die man gerade in diesem Kampfkunstsystem und in diesem Dojo hat machen können.

Aus der bloßen rituellen Verneigung vor dem Partner mag schließlich eine Geste echter Wertschätzung werden, emotional gefüllt mit wirklicher Hoch-Achtung und Zu-Neigung.

Aus dem obligatorischen verbalen Feedback „Oss", das man im Karate-Do bei verschiedenen Gelegenheiten im und rund wie vor und nach jeder Partnerübung laut ausspricht, wird aus einer zunächst vordergründigen Floskel irgendwann ein Ausdruck tiefer persönlicher Empfindung, also Ausdruck eines ganz speziellen, echten momentanen Gefühls, z.B. der Einsicht oder der vollen Zustimmung werden.

Die ritualisierte Etikette vermittelt einem eine neue, für Verständige in hohem Masse präzise Sprache der Vermittlung von Einstellungen, d.h. eben besagter „innerer Haltungen".

Etikette muss als eigenständige Form, wie eine Kata verstanden werden: Eine scheinbar in erster Linie oder für den Anfänger nur äußere Form, ein Bewegungs- oder Verhaltens-Gerüst, dessen Sinn, Bedeutung und wahre Ästhetik oder Meisterschaft sich erst durch persönliche „Belebung" und „Füllung" mit „inneren Inhalten" im Laufe der Zeit offenbart. Jede Kata, auch die rein Technik- und Körper-orientierte, ist darauf angewiesen, meisterlich „beseelt" zu werden - ansonsten bleibt sie starr und ausdrucks- wie leblos.

Am ehesten sollte die Ritualpraxis der Etikette so verstanden werden, das sie eine Methode, ein Medium des Ausdrucks dessen ist, was man im Budo erreicht hat oder zu erreichen sich noch bemüht, vom Budo weiß, glaubt oder hält.

Die Etikette verkörpert nämlich die Ideologie des Weges insgesamt. Damit weist sie über die Möglichkeit eigenen Wachstums - so zentral das Anliegen im Budo auch ist - durch (freiwillige) Anpassung und „Unterwerfung" unter ein übergeordnetes Ideal hinaus. Mein Verhalten bezeugt nicht nur meinen persönlichen Wegfortschritt (Auffassung, Ernst usw.) sondern steht immer anderen auch Modell für das Ganze.

Emanuel Kant, ein westlicher Philosoph, hat mit der Theorie und der ihr innewohnenden Ethik und Moral des sogenannten „Kategorischen Imperativs" was ganz Ähnliches gemeint, indem er postulierte, dass jeder sich stets so verhalten solle, dass sein eigenes Verhalten Modell für ein grundsätzlich für Alle positives Gesetz stehen könnte, also das eigene Tun in den Dienst einer größeren Idee, eines Ideals gestellt. Die Budo-Etikette dient auch diesem höheren Ideal, in dem man Beispiel für das Gesamte ist. Jedes eigene Fehlverhalten (auch außerhalb des Budo) schadet dem Ansehen des Budo, jedes positive Verhalten dient dem Ganzen. Budo als Weg persönlichen Wachstums muß daran gemessen werden, inwieweit die Schüler bzw. Praktizierenden selbst den Anforderungen des Bemühens um Selbst-Beherrschung genügen.

Die Etikette ist daher nicht nur dazu da, bestimmte Abläufe im Training oder im Dojo vereinfachend zu regeln, sondern alle Praktizierenden in die Pflicht, in die Verantwortung zu nehmen, sich sowohl um eigene Selbstbeherrschung mit dem Ziel zunehmender innerer Reife zu bemühen, als auch Beispiel sein zu müssen für die Inhalte, Ziele und den Geist des Budo, des jeweiligen

Systems und der Schule, aus der man kommt.

Neben der rein formalen Organisation bestimmter Abläufe (z.B. zur Sauberkeit, Höflichkeit, Disziplin usw.), die auch zur störungsfreien und gefahrlosen Durchführung des Unterrichts der Kampfkünste hilfreich oder nötig sind, sind also vor allem zwei wesentliche Ziele mit der Etikette verbunden:

1. Persönliches Wachstum durch Überwindung des Egoismus (eigener Wichtigkeit) und freiwillige „Unterwerfung" des eigenen Selbst (Ego) unter ein höheres Ideal (Übung der Wertschätzung, Demut)

2. Pflege des guten Rufes eines Kampfkunstsystems oder einer -schule durch vorbildliches Verhalten der Schüler im Sinne des jeweiligen Ehrenkodex.

Also gilt die Etikette für Budo-ka nicht nur innerhalb des Dojo – sondern in gewissem Sinne auch „im normalen Leben". Von einem Budo-ka erwartet man auch vor und nach dem Unterricht sowie außerhalb ein den Budo-Idealen angemessenes Verhalten.

Kein Verhalten ist egal. Alles Tun ist bewusst. Das ist etwas, das im Buddhismus höchsten Rang besitzt. Jede Handlung dokumentiert meine Fähigkeit, mich entsprechend selbst gesteckter Ziele zu benehmen

(Selbst-Disziplin), repräsentiert mein Wissen und Können des Weges, auf dem ich bin, für den ich stehe. Ich zolle mit meinem Verhalten, das extra so ist, wie es ist, Respekt, d.h. Anerkennung und Achtung – mir (nämlich meinem Weg und Bemühen) und anderen gegenüber. Durch Etikette, die nicht zwanghaft und damit leer (Sinn-los) ist, kann ich echte Wertschätzung ausdrücken, sofern ich will.

Rituale, Zeremonien und kulturelle Gepflogenheiten haben stets einen inneren Sinn, z.B. bestimmte Ideen zu dokumentieren oder Gemeinschaft und Dazugehörigkeit auszudrücken.

Budo-ka eines Systems verbindet daher die Praxis spezieller, eigener

Gesten und Haltungen. Die Etikette ist ihre symbolische Sprache, die Zeichen haben einen bestimmten Sinngehalt, typische oder gar „geheime" Bedeutungen. Keine Vereinigung ist ohne derartige Symbole, auch im Westen nicht (wenn wir uns Zünfte, Bünde, Logen, Sekten, Gangs, Feuerwehr und Pfadfinder angucken).

Die Einhaltung der Etikette im Budo ist eine wesentliche Kampfkunst-Übung selbst. Sie dient stets der Auseinandersetzung mit sich selbst, in dem man sich erstens um Einhaltung und zweitens um das Verständnis des Sinns bemüht. Zuerst noch rein äußere Form, unverstandene Floskel, gebotene Regel.

Erst mit zunehmender Praxis und der eigenen Erfahrung, dass mit diesen symbolischen Gesten echte innere Gefühle, Einstellungen und Haltungen verbunden sind, gewinnt die Ritualpraxis der Etikette an Bedeutung. Sie wird zu einer eigenen, typischen und unverwechselbaren Ausdrucksmöglichkeit des ansonsten Schwer- oder gar Nichtsagbaren.

Eine körperliche, anfangs oft vergessene, meist unachtsam durchgeführte, hingepfuschte Verneigungs-Geste zum Partner wird dann zur echten zwischenmenschlichen Begegnung, emotional gefüllten Wohlwollens-Bekundung, ja, zur (natürlich a-sexuellen) „Liebes-Erklärung". Kurz:

Wir müssen im Budo zunächst die Etikette lernen, um uns später ihrer immer mehr in eigener Verantwortung und mit eigenem Geist bedienen zu können, um bestimmte Gefühle und innere Haltungen auszudrücken. Was anfangs fremd und zwanghaft war, wird eines Tages intim und frei. Man wird dankbar sein, diese Sprache „sprechen" zu können – und zu verstehen...

Grundsätzlich gehört zur Etikette der Kampf-Künste, diese in bestimmter Kleidung, an bestimmten Orten und nach speziellen Ritualen zu betreiben. Alt überlieferte Regeln besagen, dass ein Schüler einer Kampfkunst niemals schlecht über seinen Stil, seinen Lehrer, sein Dojo und seine

Mitschüler (die als Familienmitglieder, als Brüder und Schwestern angesehen wurden) sprechen darf.

Wer bei einem neuen Lehrer schlecht nach Wechsel des Systems über seinen ehemaligen Stil, Lehrer usw. redete, hatte sich in den Augen aller, auch ansonsten konkurrierender Stile oder Lehrer derart disqualifiziert, dass niemand ihn mehr als Schüler annehmen würde. Das ist auch heute noch so.

Zu den grundsätzlich in den Kampfkünsten geltenden Regeln zählte und zählt neben der Loyalität dem praktizierten System (Lehrer, Dojo usw.) gegenüber, die Kampfkunst niemals ohne echte Not anwenden zu dürfen, also auch nicht Fremden zu zeigen, damit anzugeben oder gar ohne Erlaubnis selber zu unterrichten, geschweige denn, sie eigenmächtig zu verändern. Allgemein gültige Tugenden und per Etikette von Schülern verlangt wurden und werden, waren und sind vor allem Respekt und Höflichkeit, Bescheidenheit und Demut sowie „Ritterlichkeit" und: Gewaltverzicht.

Der übergeordnete Inhalt der Etikette im Budo-Karate, wie dem Shoto-Kempo-Ryu, des „Weges der Friedvollen Krieger" (Aidokan-Bushi), ist dementsprechend auch unmissverständlich der konsequente Gewaltverzicht, d.h.: keine Gewalt gegen Menschen, Tiere, Pflanzen und Natur, sondern Wertschätzung allen Lebens und der Ordnung der Dinge. Diesem Ideal der Wertschätzung des aufgrund von Stärke zum Sanft-Mut fähigen und zum Gewaltverzicht entschlossenen „Friedvollen Kriegers" sind alle weiteren Regeln untergeordnet.

Der Sinn der Etikette ist immer die „Innere Übung", genauer Selbst-Disziplin-Übung, um diese Haltung zu entwickeln und über Sammlung, stille Konzentration und Bewusstheit jene „Offenheit" gegenüber dem Weg und Zulernenden auszubilden, die zum Verständnis des Wesens des Budo notwendig ist. Im Zentrum der Etikette steht daher immer an erster Stelle Respekt. Respekt meint nicht Autoritäts-Angst oder blinde Unterwerfung, nicht das gezwungene Befolgen von Regeln, sondern eine innere und äußerliche, d.h. äußerlich ausgestrahlte Haltung der Würde und Würdigung: Würde bedeutet die Empfindung und den Ausdruck einer gewissen Feierlichkeit, „E(h)rhabenheit", Ernst, Anstand, Selbstachtung und Stolz, und Würdigung die Empfindung und den Ausdruck von Anerkennung, Achtung und das Ehren von etwas existierendem Bedeutsamen, einer Idee oder eines Ideals. In diesem Sinne ist Respekt zu verstehen.

Diese Art des Respektes, der in der Etikette gelebt werden soll, liegt allem Tun (Üben) zugrunde. Es geht um den Respekt sich selbst, dem anderen und dem Weg gegenüber. Alle einzelnen zeremoniellen Regeln und Verhaltensweisen, die in einer jeweiligen Budo-Etikette eines Dojo gelten bzw. praktiziert werden, sind diesem Prinzip des Respektes im inne besagter Würde und Würdigung abgeleitet. Beachtet man die Leitidee, sich selbst, dem anderen und dem Weg gegenüber aufrichtig Respekt zu zollen, und macht dies zum Maßstab seines tatsächlichen Verhaltens, wären konkrete Regelungen überflüssig!

Wenn man begreift, dass eben ein Dojo nicht etwa nur ein Sport- oder ein Übungsraum ist, sondern im traditionellen Sinne der „Ort der Erleuchtung", ein „heiliger" Ort, „Tempel" des Weges, das Zentrum der Weg-Gemeinschaft, und dieses respektiert, achtet und würdigt, ist die Etikette im Wesen schon erfüllt. Alle einzelnen Regeln, wie genau man sich wann im Dojo nun verhält, dienen allein der Übung, diesen Respekt zuerst auszudrücken, ihn immer mehr zu entwickeln, um ihn dann auch wirklich zu empfinden.

Im Budo ist viel von „Demut" die Rede, und es geht dabei nicht etwa um Oben und Unten, um Autorität und Hierarchie, Macht und Unterwürfigkeit, sondern die innere Haltung jener Würde und Würdigung, die Grundlage allen Wachstums und aller Persönlichkeitsentwicklung in den

Höheren Kampfkünsten ist. Demut meint eine gewisse Bescheidenheit, meint Ergebenheit und Hingabe. Durch die Übung der Demut soll Selbstlosigkeit entwickelt und „Edelmut" kultiviert werden, die die Ritterlichkeit des „Friedvollen Kriegers" definiert.

Ohne die Bescheidenheit, den ständigen Anfängergeist des Budoka, ist kein Fortschritt mehr möglich. Der Weg ist das Ziel! Es gibt kein Ende des Weges, keine Meisterschaft, keinen Stillstand, kein Ausruhen, kein Zurück. Bemühe ich mich also um eine innere und äußere Haltung des Respektes (Würde, Würdigung und Demut) mir selbst, dem anderen und dem Weg gegenüber, praktiziere ich bereits Budo als wahre Kampfkunst.

Die Disziplin, also die Selbst-Beherrschung, die dies von einem oft erfordert, weil man häufig unaufmerksam, oberflächlich oder launisch ist, entwickelt sich aus dem „Kampf mit mir selbst", der im Budo immer wieder als zentrales Anliegen thematisiert wird.

Habe ich Respekt vor mir selber, dann mag und achte und pflege ich mich. Dann erscheine ich (schon mir zuliebe) gepflegt und sauber zum Budo-Unterricht und ordne meine Kleider, ohne ermahnt werden zu müssen, laut Etikette mit gewaschenen Füßen, geschnittenen Fußnägeln, sauberer Uniform (Budo-Gi) usw.

kommen zu müssen. Habe ich Respekt vor dem anderen, bezeuge ich gern meine Wertschätzung und verneige mich von selbst vor ihm, ohne durch die Etikette ständig dazu aufgefordert zu werden.

Zeuge ich Respekt dem Weg gegenüber – also neben dem Budo allgemein auch dem konkreten Stil, Ryu, dem eigenen Dojo als Ort des Weges, dem Lehrer, persönlichen Sensei als repräsentativen „Weg-Weiser" und den auf dem Weg schon Fortgeschrittenen (Sempai) und Mitschülern (Kohei) gegenüber, anerkenne ich, in Demut, das System und die mir überlegene Leistung und Erfahrung ganz selbstverständlich und brauche nicht per Etiketteregeln dazu gezwungen zu werden, höflicherweise einem höheren Grad z.B. irgendwo den „Vortritt" zu lassen.

Achtung und Bewusstheit sind Grundlage, Methode und Ziel der Etikette im Budo, des Zen im Budo: Zanshin, höchste Geistesgegenwart, Aufmerksamkeit, Präsenz, Konzentration und Wachheit sind zentrale Inhalte der Kampfkunst. Sie durch Übung zu fordern und zu fördern, weiterzuentwickeln und in der Praxis soweit zu vertiefen, dass sie mir immer zur Verfügung stehen, ist Budo.

Typisch im Budo ist dabei: Schulungsweg (Übung) und Ziel (Ideal) sind eins. Übe ich mich in einer Haltung, entwickele ich sie auch. In diesem Sinne ist die Ritualpraxis der Etikette ein Vehikel der Selbst-Erziehung und nicht etwa sinnloser, dogmatisch-autoritärer Zwang disziplinierender Rangordnungsfragen, kein Gefängnis der Persönlichkeit, sondern geradezu eine systematische Aufforderung zur Selbstentwicklung.

Die zunächst rein rituelle, vielleicht nur äußere Zurücknahme des Ego und Ausrichtung nach Idealen wird im Laufe der Zeit zur geistigen, inneren (ja erzieherisch-therapeutischen) Übung wahrer Größe. Ich ver-"beuge" mich nicht, verbiege mich, mach mich klein und krumm, sondern ver-"neige" mich in aller Aufgerichtetheit und Größe, ich unterwerfe mich nicht als Kleingeist, sondern neige mich zu, bin dem zugeneigt – und öffne mein Herz in stolzem Großmut.

Nicht bediente Etikette ist – wenn nicht Zeichen von Unwissenheit oder sträflicher Oberflächlichkeit und damit das Gegenteil von Budo – vielmehr der Ausdruck von Arroganz, anmaßender Überheblichkeit und kleingeistigem Geltungsbedürfnis sowie Geringschätzung des Gegenübers, des Weges; und letztlich seiner selbst.

Selbst-Erhöhung, die auf Nichtwürdigung oder gar auf Erniedrigung anderer angewiesen ist, erhöht nicht, sondern zeigt, wie weit unten man wirklich ist, wie klein, ja sie erniedrigt einen geradezu selbst.

Respektloses Verhalten ist egozentrisch, selbstsüchtig. Budo ist aber gerade der Dienst am anderen, ist Selbsterziehung auch zum Wohle der Gemeinschaft, des Friedens der Welt. Budo zerstört die kleingeistige Ich-Verhaftetheit und setzt mich in Beziehung zur Welt. Die Fähigkeit der Empfindung und zum Ausdruck von Respekt ist also ein wesentlicher Aspekt des Weges - die Etikette eine zentrale Übung!

関係

SHITEI - Die Lehrer-Schüler-Beziehung

Budo wird gelehrt und gelernt von Personen und Persönlichkeiten und nur, wenn die Beziehung von Lehrer und Schüler stimmt, kann das Wesentliche vermittelt werden. Womit gemeint ist, dass eine Beziehung mehr ist, als ein rein formales, funktionales Verhältnis, wie zwischen Trainer und Athlet. Es ist eine persönliche Beziehung notwendig, um Budo traditionell „von Herz zu Herz" (Ishin-Denshin) zu unterrichten, seine Schüler in das eigentliche, jenseits der äußerlichen Formen (Omote) verborgene Wesen der Kampfkunst und ihre „Geheimnisse", die „geistige Lehre" (Okuden) einzuweihen.

Abgesehen von gegenseitiger Achtung und wertschätzendem Respekt ist unbedingtes Vertrauen notwendig, sich einzulassen auf die Grenzerfahrungen, die der „innere" Weg des Budo für jeden bereit hält.

Und eine beidseits große Verantwortung, die Wirkung der initiierten „Weg"-Erfahrungen auf die gesamte Persönlichkeit, ja den „Geist" und die Psyche, zu erkennen und zum Nutzen, also zur Reifung und persönlichen Weiterentwicklung des Menschen, sprich: zum wahren Fortschritt auf dem Weg zu steuern.

Bei derart hohen Anforderung an die Lehre des Budo und die Lehrer und Schüler selbst ist zunächst zu klären, wer denn überhaupt Budo-„Lehrer" und wer Budo-„Schüler" ist.

Denn so einfach ist das Ganze keineswegs. Nicht, wer als vorgesetzte Autorität nur vorne steht und die Kommandos gibt, ist etwa schon deswegen ein Lehrer im Budo-Sinne, und nicht, wer Mitglied einer Schule ist, seinen Beitrag zahlt und nur nachmacht, was vom jeweiligen Programmleiter gesagt wird, ist dadurch ein „wahrer" Schüler.

Nicht der Schwarzgurt allein, der in seiner Bedeutung immer überschätzt wird, steht etwa schon für Meisterschaft in der Kampfkunst (den kann man ja sonstwie, z.B. im Sport durch rein äußerliche Leistung und Wettkampf-Erfolg oder auch „ehrenhalber" durch bloße Funktionärstätigkeit in der Verbandspolitik, oder einfach rein käuflich, auf Irr- und Abwegen sogar mit hübscher „Diplom"-Urkunde im Internet, erwerben); der ist nur ein äußerliches Abzeichen ohne Wert an sich.

Wichtig ist stets die Qualifikation und Kompetenz desjenigen, der ihn trägt. Ein „Meister" im Budo ist etwas anderes als der Sieger einer Meisterschaft – auch wenn dazu noch so meisterliches technischen Können notwendig gewesen sein mag.

Das Meistern der äußeren Form (Omote) entspricht immer nur der ersten Stufe (Shu) des Budo-Weges und sagt noch lange nichts über erforderliche Erfahrungen und Einsichten auf dem Weg der „inneren" Lehre (Okuden), die ja erst in den beiden weiteren Stufen (Ha und Ri) gewonnen werden können. Auch hohe „anerkannte" Dan-Ränge mögen vorbildlich dem glänzenden Äußeren entsprechen, ohne jemals in das Wesen des Budo eingeweiht worden zu sein und vertieftes Verständnis erworben zu haben.

Ein Budo-Meister, ein ehrwürdiger Sensei, ist eine fachliche und menschliche Autorität, die den beschwerlichen Weg über viele Jahre hinweg selber bei einem persönlichen Lehrer gemeistert und die geistigen Aspekte der Kampfkunst als Lebenskunst verinnerlicht hat.

Nur dann kann er auftragsgemäß „vorbildlich", verantwortungsvoll und gekonnt lehren, wovon er selber weiß, weil ein Sensei schon von der japanischen Definition des Begriffs her jemand ist, der den Weg bereits vorangegangen ist, ihn also auch mit allen diesbezüglichen Weg-Erfahrungen am eigenen Leibe erlebt, dabei nicht nur alles wichtige Können und Wissen erworben, sondern auch alle Höhen und Tiefen durchlebt, typische Irrungen und

Wirrungen erfolgreich gemeistert und, vor allem, Wesentliches verstanden hat – und nicht zuletzt sein Meister ihm, nach wie auch immer gearteter Überprüfung, seinen Fortschritt schließlich bestätigt hat. (Dennoch darf ein Budo-Meister (und -Lehrer) niemals aufhören, sich selber als Schüler zu begreifen, denn der Weg ist niemals zuende und es gibt auch nichts, das als „perfekt" wirklich zu erreichen wäre.)

Ein „wahrer" Meister des Budo muß aber deswegen nicht automatisch auch ein guter Lehrer der Kampfkunst sein, denn auch noch so viel Können, Wissen und Verständnis erworben zu haben, gar eine „reife" und „weise" Persönlichkeit geworden zu sein und aber auch die Lehre weiterzugeben, wirksam zu unterrichten und andere darin zu befähigen, nun auch diesen (den selben) Weg zu meistern, sind zweierlei.

Ein Budo-Lehrer muß darüber hinaus eben auch noch über die besondere (eigens erst noch zu erlernende) Fähigkeit des Lehrens verfügen, um zum Einen die Inhalte verständlich, logisch und sinnvoll zu präsentieren, und zum Anderen die Schüler ebenso auf die richtige Weise zu fördern wie zu fordern, und nicht zuletzt zu motivieren, sich immer wieder vertrauensvoll den budo-typischen Grenzerfahrungen – körperlicher wie „geistiger", d.h. Psycho-emotionaler Art – zu stellen.

Nicht nur das, es gilt auch, die beabsichtigte Wirkung der Übungen und die entsprechenden Erfahrungen auf die Schüler abzuschätzen, sollen sie doch, natürlich positiv, die Persönlichkeit des Ausübenden tangieren, ihren spirituellen Geist erweitern, ihren Charakter bilden.

Das ist ein nicht ungefährliches Unterfangen, vor allem dann, wenn selbsternannte Meister als wahrhaftige Laien und Dilettanten ihr Pseudo-Budo unters Volk bringen und ihre gutgläubigen, unwissenden Schüler mit irgendwelchen Übungen und unkalkulierbaren Grenzerfahrungen konfrontieren (die sie als angebliche Lehrer ohne eigene Weg-Erfahrung ja selbst nicht kennen, geschweige denn die Folgen beherrschen können).

Aber auch ohne die Scharlatanerie profilneurotischer „Meister" und „Lehrer" in der wildwüchsigen Szene ist die rechte Budo-Unterweisung ein schwieriges Thema, selbst für seriöse Sensei: es braucht ein Dojo in räumlicher wie menschlicher Hinsicht, nämlich bestehend aus jener bereits erwähnten Gemeinschaft Gleichgesinnter, einer überschaubaren Schar echt lernwilliger, mitarbeitsbereiter, begeisterungsfähiger und durchaus kritischer Schüler.

Wann aber ist man wirklich ein „Schüler" der Kampfkunst? Jener, den auch (s)ein Lehrer als eben solchen bezeichnen würde? Auch um als „anerkannter" Schüler im Budo zu gelten muss man strenge Voraussetzungen erfüllen, die jenseits der formalen Schul-Zugehörigkeit, Bezahlung irgendeines Mitgliedsbeitrages und freiwilligen Selbstverpflichtung zur Mitarbeit im Dojo (Soji).

Selbst bereits von seinem Sensei mit einem Gürtel aus der Anfänger-Stufe graduiert worden zu sein, ist kein Beweis etwa für die Annahme als „Schüler". Schüler zu sein heißt also mehr, als der formale Gürtelrang auszusagen vermag – jedenfalls bei den Kyu-Graden der Unterstufe. Wer Schüler ist, ist als solcher vom Lehrer erkannt und angenommen, wenn er ihm gezeigt hat, dass er wirklich lernen will, was der Lehrer vorgibt und nicht, was er (aus seinem Laien-Verstand und entsprechenden Erwartungen heraus) zu lernen wünscht und für richtig hält.

Der Lehrer wird eine gewisse Zeit der Prüfung des Willens und der Motivation des Kandidaten, der Schüler werden will (oder vielleicht ja glaubt, schon einer zu sein), verstreichen lassen, denn die falsche oder auch unrealistische Motivation (z.B. sich besser schlagen/wehren zu können oder schnell bewunderter Schwarzgurt zu werden) führt geradewegs zur Ablehnung; ebenso erkennbar werdende mangelnde Bereitschaft, sich voll und bis an die Grenzen (zunächst rein körperlicher) Leistungsfähigkeit einzulassen.

Bevor man als Schüler angenommen wird (das mag zuweilen mit bestimmten Ritualen im Dojo öffentlich bekundet und bestätigt werden), hat der kandidat unter Beweis zu stellen, dass er zu folgen bereit ist. Er befolgt, so gut er (zunehmend) kann, die Etikette, hört bei Allem aufmerksam zu, nimmt wahr und auf, was der Sensei und Mitschüler sagen, achtet auf jede Kleinigkeit (weil es nichts Unwichtiges gibt), zeigt stetes Bemühen – und mit Alledem schon viel von seinem Charakter.

Daraus kann der Lehrer ersehen, ob „der Neue" es wert ist, so viel, wie im Budo nämlich nötig ist, in ihn zu investieren, an intensiver, individueller Arbeit, aber eben auch persönlichem Engagement und „Herzblut".

Immerhin wird ja Budo nach dem Ishin-Denshin-Prinzip, also ganz persönlich „von Herz zu Herz" gelehrt, womit die zwischenmenschliche Beziehung zwischen Lehrer und Schüler als entscheidende Grundlage der Vermittlung also auch die zentrale Bedeutung der Weg-Bereitung und Weg-Begleitung zukommt.

Insofern wird der Lehrer immer auch seine Schüler aussuchen – und wenn hier Sympathie eine Rolle spielt, den einen anzunehmen und den anderen nicht, so ist das durchaus gerechtfertigt und der Sache willen vollkommen angemessen. Immerhin sollen beide Seiten (im Idealfall lebenslang) miteinander zu tun haben, und zwar nicht nur im Dojo, sondern ja auch im wirklichen Leben.

Dies wird ein Pakt für gemeinsame, typischerweise nicht immer einfachen und etwa nur harmonischen Zukunft und Partnerschaft.

Ein Sensei, der sich seiner Schüler und nicht nur deren Ausbildung in der jeweiligen Kampfkunst, sondern ja darüber hinaus der Weiterentwicklung ihrer Persönlichkeit annimmt, lädt mit diesem anspruchsvollen Auftrag immer auch eine enorme Verantwortung für das Wohl seines (ihm sich freiwillig wie nun aber auch voll und ganz) Anvertrauten auf sich.

Der Budo-Sensei, von der Tradition her schon immer auch „Väterlicher Freund" seiner Schüler, verpflichtet sich, ihnen nicht nur auf dem Kampfkunst-Weg, sondern auch ihrem individuellen Lebensweg hilfreicher Lehrer, persönlicher Berater und Partner, eben dieser väterliche Freund zu sein.

Das muss auch der Schüler wissen und wollen, denn eine Zusammenarbeit rein bezogen auf eine Kampfkunst-Praxis nur im Dojo, ohne persönliche Bindung, „private" Beziehung und Bedeutung für den Alltag ist nicht dem Budo gemäß, wo es nicht um das rechte Kämpfen (und Töten), sondern das rechte Leben geht.

Kann oder will ein Schüler seinem Lehrer nicht vertrauen, dass das, was er tut, richtig und am Ende für ihn wichtig, förderlich ist (und der Lehrer es nicht schafft, ihn durch Taten, nicht mit Worten, vom Gegenteil zu überzeugen), sollte er lieber den Lehrer (und damit immer auch die Schule) wechseln.

Jedoch ist genau dies das Problem. Glaubt der Schüler, selber zu wissen, was richtig und falsch ist, was ihm gut tut und was nicht, bräuchte er ja gar keinen Lehrer. Und: wer bringt sich schon selbst in – in der Regel ungewohnte, ungewöhnliche, meist unbequeme, zuweilen durchaus schmerzhafte – Situationen echter

Grenzerfahrungen, in denen man über seinen Schatten springen, den „inneren Schweinehund überwinden" muß, ohne, dass er es muss? Ein Lehrer weiß darum und ist nun aber genau jene treibende Kraft, die einem nämlich dann sagt, dass man es muss – und jene Kraft, die einem anschließend beweist, dass es gut war, richtig und wichtig. Der Haken am vermeintlich berechtigten Nichtzulassen und Lehrer-Abwählens vonseiten des Schülers ist die Gefahr des (laienhaften) Besserwissens und (trotzig) voreiligen Misstrauens, die die Erfahrung des Budo-Weges systematisch verbaut.

Dies ist der schwierige vom Schüler zu bewerkstelligende

Balanceakt zwischen jenem Vorschussvertrauen, das zwingend notwendig ist, wenn man sich dem Budo und einem Sensei anvertraut, auf der einen Seite, und dem Sich verschließen und -verweigern, wenn's „zu bunt", bei kritischer Betrachtung abenteuerlich und unsinnig, vielleicht schädlich für einen wird, was einem da abverlangt wird, auf der anderen Seite.

Der Schüler kann es nicht wissen und muss daher immer solange kritisch sein, bis er von der Seriosität des Lehrers und seines Angebots und Anforderungen überzeugt ist (z.B. indem er sich die fortgeschrittenen Mitschüler des Dojo und deren persönlich-menschliche Budo-Entwicklung anschaut und sich, immer dringend empfohlen, ein Bild über die Qualifikationen und Reputation des Lehrers in der (Fach-)Öffentlichkeit macht) – dann aber muss er sich einlassen auf Unbekanntes und auch da vertrauen, wo sein (eben immer Laien-) Verstand den Sinn einer Übung oder Aufgabe nicht erfassen kann.

Ein Schüler begibt sich, wenn die Phase der grundsätzlichen Vertrauensgewinnung vorüber ist, in die „Fänge" seines Budo-Lehrers, weil er nur dann geführt werden kann in die ihm ansonsten verschlossen bleibende Welt der psycho-esoterischen, spirituellen Erfahrungen des Okuden.

Und doch sei nochmals hingewiesen auf die ernstzunehmende Gefahr, in der Kampfsport- und vermeintlichen Kampfkunst-Szene an falsche Meister, Heiler und Prediger zu geraten, die sich die Unwissenheit der Anfänger und ihnen für sich abverlangtes Vorvertrauen zunutze machen, um sie in ihrer Pseudo-Budo-Welt als Statisten ihres eigenen absurden Theaters zu missbrauchen.

Aber der Weg des Budo, auch wenn er oft nicht verstanden und auch verkehrt oder gar pervertiert wird, ist als solcher davon in seinem eigentlichen Wert natürlich unberührt, weil er an sich ja nicht dadurch falsch oder schlecht wird, wenn er von dubiosen Anbietern mit Etikettenschwindel als imageträchtiges Alibi herhalten muss.

Wenn aber wahre Schüler und Lehrer sich gefunden (ausgesucht) haben und für die Zukunft ein einvernehmliches Budo-Bündnis auf dem Weg eingehen wollen, ist die nötige „Intimität" zwischen dem Sensei und jenen, die ihm folgen, im Sinne des Ishin-Denshin- Lehr- und Lernsystems eine nur im Budo zu findende, höchst wirksame förderliche Energie, durch die vom Meister initiierten und mit ihm reflektierten Erfahrungen die eigene Persönlichkeit weiterzuentwickeln, den Geist zu öffnen, zu wachsen zu neuer menschlicher Größe.

Diese Qualität der rechten Lehrer-Schüler-Beziehung kann natürlich nur dann erwachsen, wenn der Lehrer alle seine Schüler persönlich gut kennt und außer um ihre familiären und sozialen Umstände auch um ihre Stärken und Schwächen, Vorlieben, Ängste und Nöte, ihren Charakter weiß.

Immerhin will der Sensei ja alle seine Schüler fördern, individuell auf sie eingehen, mit und an ihnen „arbeiten", sie an ihre jeweils ganz verschiedenen körperlichen, seelischen und geistigen Grenzen und über sie hinaus führen, ihr „Herz ansprechen", ihnen bei ihrer Selbst-Findung, Selbst-Erkenntnis und Selbst-Verwirklichung behilflich sein, sie in ihrem Bedarfen und Bedürfnissen erkennen, ermutigen, beraten, kritisieren...

Das kann aber nur gehen, wenn ein Dojo nur eine überschaubare Anzahl von Schülern hat, die der Lehrer überblicken kann, um ihnen individuell gerecht werden zu können.

Jede Bewertung des jeweiligen Weg-Fortschritts eines Schülers, selbst eher technischer Art wie z.B. bei Gurtprüfungen, ist immer höchst individuell, je nach Alter (Vorschul-/Schulkind, Jugendlicher / Heranwachsender, Erwachsener zw. 30 und 40 Jahren, in den 50ern, Senior über 60), Budo-Erfahrung (Graduierung, Soto/Uchi-Deshi)

Leistungsfähigkeit (physischer und psychischer Gesundheits-/Fitnesszustand, Statur), Geschlecht und unzählige zu berücksichtigende persönliche Besonderheiten (intro- / extrovertierter Charaktertyp, gar Missbrauchsopfer oder ehemaliger Gewalttäter, religiöse Orientierung, soziokultureller Hintergrund usw. usf.) machen jede Feststellung des erbrachten Erfolgs zu einem sehr subjektiv und nicht verobjektivierbaren Ereignis.

Es gilt stets, die individuelle Entwicklung jedes einzelnen zu erkennen, dem das Eine leichter oder schwerer fallen muss – und deswegen darf – als dem anderen.

So ist alles immer auch unterschiedlich zu bewerten, wenn's gerecht zugehen soll. Es gibt keine objektive Messbarkeit der erfolgreichen Leistung zum Blaugurt, weil Schüler A dazu aufgrund seiner Voraussetzungen „mehr" bringen muss als Schüler B zur gleichen Prüfung, der es wegen persönlicher Umstände viel schwieriger hat und selbst bei weniger Leistung wie sein Mitschüler besteht, A aber nicht.

Dies, weil die Unterschiede beider Menschen (Persönlichkeiten) zu berücksichtigen sind und es sowieso immer nur darum geht, das fleißige Streben und Bemühen höher zu bewerten, als eine erbrachte End-Leistung, nur nach

Zentimetern oder Sekunden bemessen.

Jeder muss zu jeder Prüfung besser sein, als letztes Mal und immer versuchen, der Beste zu sein, der er eben sein kann (und das weiß der Sensei von seinem Schüler ja aber auch).

Riesige Vereine und Verbände mit Massenbetrieb können der Idee nicht gerecht werden. Es gibt dort keine echte Lehrer-Schüler-Beziehung, von Herz zu Herz, Ishin-Denshin. Es fehlt die Essenz des Budo, des Budo als Lehrweg, an sich und seiner Persönlichkeit zu arbeiten. In Verbänden wird Technik gelehrt, Politik betrieben, Sport praktiziert. Es geht da gar nicht anders...

ZEN - Der spirituelle Geist

Zen, was als „Tiefe", oder „Basis", „Kern" im Sinne von etwas „vertiefen", „auf den Punkt bringen", vom entscheidenden, essentiellen Wesen her „ergründen" verstanden werden kann, ist in zweierlei Hinsicht eng mit Budo verbunden, nämlich zum einen schon natürlich als <u>der</u> entscheidende philosophische

Hintergrund vom Zen-Buddhismus schon seit Bodhidharma vor 1500 Jahren, zum anderen hinsichtlich der Idee, die Dinge vom Äußeren Schnickschnack zu befreien, sich des Unnötigen zu entledigen, um das Zentrale, um das es geht, möglichst schier, rein, perfekt zu entblättern.

Anders gewendet: Budo jenseits der äußeren Form (Omote) auf das Eigentliche konzentriert, den höheren Sinn hin und auf das Entscheidende (Okuden) orientiert, zu verstehen, d.h. zu studieren und zu praktizieren. Zen ist die geistige Grundlage allen Übens. Streng analytisch auf Präzision jedweden Tuns ausgerichtet – und doch übergeordnet offenen, freien

Geistes. In der exakten äußeren Form liegt der Schlüssel zur Befreiung von ihr durch jene Meisterschaft, die dem Erkennen (dem, was man auch „Erleuchtung" nennt) entspricht.

Dies ist aber nur durch die strenge, absolute Formwahrung möglich, die erst wenn die Weg-Stufen (Shu, Ha) langen getreuen Übens der bloßen Übung willen durchlebt und am Ende „gemeistert" sind, zur Freiheit (Ri) führen. Erst, wenn der Körper den Bewegungen zu 100% korrekt und ganz automatisch folgen kann, ohne dass der Geist ihn noch steuern und kontrollieren muss, kann sich dieser seiner Aufgabe der Selbstschau im Tun und der Selbsterkenntnis widmen und sich in Meditation „erheben" zur gelebten Verbindung mit Allem, das hier und jetzt um ihn herum ist, wovon er Teil des Ganzen ist...

Aber zunächst einmal ist Zen eine strenge Methode, die Dinge geordnet und systematisch auf das Wesentliche beschränkt und konzentriert zu tun.

Dies erfordert höchste Aufmerksamkeit (Zanshin), absolutes Gewahrsein und echte Bewusstheit im Tun! Das ist, was Zen lehrt. Alle rituellen Übungen, ob im Stehen, Gehen (Kinhin), Sitzen (Zazen) oder beim Essen (Oryoki), beim Kalligraphieren (Shodo), Blumenstecken (Kado), Dichten oder eben im Ausführen von komplexeren Bewegungen (ob langsam wie im Tai Chi oder dynamisch wie im Budo) dienen dem Zweck, den Geist im schnörkellosen exakten Tun nur darauf zu fokussieren, dabei stille werden zu lassen, bereit, ohne Gedanken- und Gefühlsstörungen, Vorurteile und übliche Bewertungen rein zu empfinden, was gerade wirklich ist – ist, wie es ist, ohne zu sein, wie ich meine, dass es wäre oder dass es sein müsse.

Es geht darum, den Verstand, den Intellekt auszuschalten, das ständig ratternde, ruhelose Gehirn, das vermeintliche, an Selbsttäuschung verhaftete „Ich", zum Schweigen zu bringen, um ohne es die Wirkung der realen Wirklichkeit zu erfassen. Alle Sinne geschärft auf sensibelste

Wahrnehmung, auf aktives Gewahrsein seiner selbst im Raum und in der Zeit, des Lebens in einem und um einen herum. Nur bewusstes Sein.

Zen ist: Intensive Betrachtung und Innenschau, ohne Abschweife. Weder Dösen, noch Grübeln – allein das Aufgehen im Tun und Sein, ganz und gar.

Einswerden mit der Handlung, der Umgebung, der Welt. Erkennen, wie sehr ich von allem um mich herum abhänge, wie alles von mir abhängt, wie wir zusammengehören.

Wenn ich sitze, sitze ich, sitze und atme und sitze, vertiefe mich ins Sitzen („Sitz"-Zen) – sonst nichts. Ich erhebe mein Sitzen zur Kunst, zum einzig Wichtigen, dem Einzigen, was jetzt ist, einem Juwel jedes neuen Augenblicks, einem Juwel meiner Existenz.

Zen erhebt das Banale zum Besonderen, in dessen „Tiefe" und „Kern" die ganze Wahrheit des Lebens selbst wurzelt. Es wird zum Abbild des Lebens selbst, hier, jetzt, das ich diesem Einen so intensiv widme, und das sich mir in meinem Erkennen offenbart als Teil meines eigenen Lebens, so kostbar, unwiederbringlich.

Wenn ich eine Technik ausführe, mache ich nichts als diese Technik, immer wieder, hunderte Male, nur diese eine, so genau und gut wie möglich, immer wieder neu, wie das erste Mal, studiere sie, wie sie sich anfühlt, führe sie wieder aus,

bin ganz bei der Technik – ja „bin"
die Technik selbst.

Zen-Geist ist Anfänger-Geist; Grundlage für stetes Üben, Staunen, Lernen, Verstehen – und zunehmendes Können. Die Dinge immer wieder von Grund auf neu erleben, sie im fortwährend strebsamen Bemühen vervollkommnen – das ist der Motor des Fortschritts. Nicht immer noch mehr, oder „höher, schneller, weiter", sondern das Wenigen, das Eine noch genauer, viel präziser, exakter am Ideal – das ist Zen und Budo-Geist.

„Ken – Zen – Ichi" heißt es in berühmtem japanischen Sprichwort: „Faust und Zen sind eins", auch: Budo und Zen sind das Gleiche, gehören zusammen.

Besonders im traditionellen Schwertkampf (Iaido, Battodo) oder Bogenschießen (Kyudo) ist dies deutlich geworden: historisch als perfektionierte tödliche Waffenführung und vollkommene Beherrschung der darum berühmt gewordenen Krieger (Bushi, Samurai), und heute im friedlichen Budo als echte Kunstform und aufs Wesentliche pointierte Bewegungsmeditation par exellence.

Es geht aber ja aber nicht allein um die Verbesserung der äußeren Form, zu der Zen in so hohem Maße taugt, sondern die Entdeckung und Entwicklung der eigenen Spiritualität.

Durch Budo-Praxis wird viel über sich selbst gelernt, der Charakter geschult, das Selbstbild weiterentwickelt, innere Ressourcen freigelegt, Werte und Überzeugungen modelliert, Glaubenssätze optimiert.

Durch den Geist des Zen und die in Meditation geborene Spiritualität, die den Blick auf einen selbst eröffnet, seine ureigenen Denkmuster und eingefleischten Verhaltensstrategien, ist imstande, mir den Blick auf mich, mein Leben, das Leben als solches und an sich, die Wirklichkeit zu werfen.

Fragen nach dem Sinn des Lebens, der Bedeutung dessen für mein eigenes Sein aufzuwerfen und nach Antworten zu suchen, die mich tragfähig auch angesichts von Krankheit und Tod in meine bewusst erkannte Zukunft führen.

Es ist möglich, Wahrheiten, ja <u>die</u> Wahrheit überhaupt zu finden und Zugang zur eigenen „Wahr"-"Nehmung". Ich bin „Erleber" und Schöpfer meiner Wirklichkeit, <u>der</u> Wirklichkeit.

Meditation im Budo, Budo als Meditation, vor allem aber die klassische Sitzmeditation des Zazen, in der man sich auf seine Mitte konzentriert, hat die kraftvolle Wirkung, sich selbst zum Guten und sein Leben positiv zu verändern – wenn man „streng übt", was im Budo grundsätzlich erforderlich ist. Nichts fällt da leicht...

Aber, Meditation, die, wie mein Lehrmeister Helmut immer sagt, als „Selbsthingabe an die Magie der Situation", so tief in uns selbst bewegt, uns das „Mysterium des Lebens" erschließt, verändert Bewusstsein, "Bewusst-Sein", öffnet verschlossene Herzen, die, wie aufknospende Blüten, empfindsam werden für das Wesentliche, Wichtige: Achtsamkeit und Wertschätzung allen Lebens, dessen verwundbarer Teil ich bin.

Der Geist hat die Fähigkeit zur Immanenz, also in erkenntnistheoretischer Sicht dem noch so analytisch-klugen Verbleiben in den Grenzen möglicher Erfahrung (relative Wirklichkeit), aber auch das

Potential zu einer diesseitiger Erfahrbarkeit überschreitenden Transzendenz, nämlich der Erfahrung absoluter Wirklichkeit, die aus buddhistischer Sicht dann in der Erleuchtung (Satori) dauerhaft wird.

Nicht, dass Budoka etwa alle weise oder erleuchtet wären – aber sie können den Weg ernsten Übens beschreiten, jenen traditionellen Pfad, der die Qualität, systematisch dahin zu führen, in sich birgt.

Ohne Zen ist Budo kein Budo.

Es muss dabei nicht um die Praxis der Sitzmeditation (Zazen) gehen (oder des Gehens, Kinhin), aber um die spirituelle Haltung und Motivation des Übenden und seiner Gemeinschaft, nach Höherem zu Streben, nach Wahrheit und Wahrhaftigkeit seines Denkens, Fühlens und Tuns, sich und sein Handeln in Demut und Größe auszurichten nach vorne, nach oben, nach innen, in Wertschätzung und Liebe zum Sein und Werden.

Budo ist jene spirituelle Praxis.

Kombative und spirituelle Komponenten des Budo
Kampfkunst zwischen Selbstverteidigung und Erleuchtung

Sowohl die modernen Kampfsportarten (und erst recht ihre Derivate brutaler Mixturen) als entstellende Zerrbilder der traditionellen asiatischen Kampfkünste als auch die originären Budo-Systeme haben mit dem Thema Kampf und Gewalt, Sieg und Niederlage irgendwie zu tun.

Immerhin befassen sie sich alle mit der Einübung von Techniken, die durch gezielte Schmerzzufügung, Erreichung von Bewegungsunfähigkeit,
ernsthafter Verletzung, Knockout oder gar Tötung des Opponenten diesen erfolgreich – zumindest vorübergehend – kampfunfähig machen.

Dieses anwendungsspezifsche „Kunst"-Handwerk beinhaltet das Wissen, Verstehen und vor allem eben auch durch systematisches Training schließlich irgendwann erlangtes Können, also „meisterliches" Beherrschen bestimmter (stiltypischer) Kampf-Bewegung, die bei einer körperlichen Auseinandersetzung zum Erfolg, also den Sieg über einen Gegner führen sollen.

Das Ziel allen rein technischen Lernens und Übens all der jeweils speziellen Schläge, Tritte, Würfe und Hebel oder auch Hiebe und Sticke mit Schwert und Stock oder anderen Waffen eines jeweiligen Kampfsystems dient allein der Vorbereitung, im Ernstfalle (ob als Sport oder im Sinne der Selbstverteidigung auf der Straße) gegnerischen Angriffen effektiv begegnen zu können und mit eigenen Techniken am Ende zu gewinnen.

Ob also Karate und Taekwondo, ob Judo, Jujutsu und Aikido oder Iaido, Jodo, Kendo oder Kobudo sowie all ihre chinesischen

„Mutter"- und Schwesterdisziplinen oder gar neumodische Mixed Martial Arts und ähnliche Kreationen – alle basieren quasi auf ihre Weise auf dem rechten „Know how des Knockouts".

Ob Abwehren, Umlenken, Ausweichen, Kontern oder Zuvorkommen – immer geht es darum, am Ende im Falle eines Falles den Gegner zum Opfer der eigenen Kampf-Überlegenheit zu machen.

Dabei geht es nicht ums Reden und graue Deeskalations-Theorie (die Bedrohung / den Kampf zu verhindern), sondern ums tatsächliche Beweisen durch praktisches Tun und die Realität der geschaffenen Ereignisse.

Kampftraining jedweder Couleur lehrt, wie man effektiv und erfolgreich kämpft, d.h. Gegnern eine Niederlage zufügt – und bei alledem selbst so wenig Schaden wie möglich hinzunehmen.

Das geht durch die Härte und Wucht in den arrangierten Körperkontakten (mit und ohne Waffen), schnelles und gezieltes Einwirken auf Nerven, Muskeln und Gelenke, die den Anderen außer Gefecht setzen.

Zunächst auch ganz egal, wie angemessen und notwendig das Handeln wirklich ist, ob unter Einhaltung der (gesetzlich auch im Notfall vorgeschrieben) Verhältnismäßig-keit der Aktion, ob des sportlichen Sieges und seiner Trophäen willen, überhaupt des Profilierens wegen, ob der eigenen Wut und Aggressivität geschuldet (oder Unfähigkeit, Konflikte anders zu lösen), auch eigener Angst – in jedem Falle geht's ums „Gewinnen" durch Überlegenheit.

Kämpfen-Können setzt voraus, die technischen und taktischen Mittel seines erlernten Systems (als wesentlicher Handlungs- und Bezugsrahmen) effektiv einsetzen zu können, die im Ablauf (der Bewegungsausführung) motorisch stimmen, richtig treffen (punktgenau) und gewollte Wirkung durch entsprechende Kraft (Druck, Zug) erzielen.

Um diese Energie, die auf den Gegner wirken soll, im Ziel aufzubringen, ist neben körperlicher Energie (Bewegung, Atmung) auch „geistige" nötig, d.h. aktivierende oder unterstützende mentale „Power" wie Entschlossenheit, Siegeswille, gar Zorn und Wut. Nur mithilfe derart psychischer Kampfkraft vermögen die Techniken mit der nötigen physischen Energie ihre geplante Wirkung entfalten.

Im Training müssen also die Übenden stets auch diese geistige, gedanklich-willentliche Schädigungsabsicht mit aufbringen, „in die Techniken legen", um die nötigen größtmöglichen Effekte beim Gegner bewirken zu können.

Kampf-Übende müssen, sofern sie sie nicht nach schützenden Regeln eingeschränkt realitätsnah mit Trainingspartner üben, die ansonsten zumindest nur vorgestellte Situation, wo man nun wie den Gegner „bearbeitet", fantasiert „mitdenken".

Wer z.B. in der Iaido-Übung, das Schwert zu führen, die tödlichen Auswirkungen seiner ausführenden Schnittbewegung nicht imaginiert, praktiziert keine Schwertkampf-schulung, sondern bietet einen harmlosen Tanz dar, bei dem das Schwert bloß eine sinnentleerte Requisite ist, die das ganze Wedeln und Pseudo-Getue nur exotisch aufpeppt. Das Schwert (wie ja vermeintlich trainiert) auf Leben und Tod – im

Riskiko des Sterbens wie Tötens – zu führen, wird nie gelernt, wenn man sich der beabsichtigen Trefferwirkung nicht auch in entsprechenden inneren Bildern bewusst macht.

Das Schwert ist ein „Mordinstrument", und die Waffe gekonnt zu diesem Zwecke zu führen, eine Tötungsmethode oder zumindest ein besonderes „Handwerk", den anderen schwer zu verletzen oder zu verstümmeln.

Das Gleiche gilt für die Karate- oder Kung-Fu-Faust, die nur, wenn ebenso körperlich wie im Geiste als möglichst tödliche Waffe geübt, in einem Kampf auch wirklich effektiv und somit überhaupt gefährlich werden kann.

Kämpfen-Üben geht ohne eine zumindest mentale „Roheit" oder gar „Brutalität" (in der geistigen Vorstellung des Ernstfalles) nicht, weil ansonsten nur in Wahrheit nicht brauchbare Bewegungen oder effektive Techniken gespielt werden.

Wer sich wirkungsvoll zu verteidigen lernen will, muss (zuerst ganz normale) Ängste und Hemmungen überwinden, jemandem Wehzutun, muss seine Aversionen gegen Schmerz, Blut und knackende Knochengeräusche abbauen, muss Rücksichts-los werden und sein können gegen Angreifer, sich in den widerlichen Dreck eines primitiven Straßenkampfes mit allen Mitteln „filmen", muss abhärten gegen übliche Moralvorstellungen von Anstand und Ehre.

Selbstverteidigung muss fies sein, um effektiv sein zu können, nicht zart und vorsichtig, sondern schamlos brutal, hemmungslos. Gefühllos muss agiert werden, um die Aggressivität des Angreifers, der durch seine Erstattacke allein schon im Vorteil ist –rein zeitlich und auch psychologisch – zu kompensieren mit eigener unerschrockener Reaktion im absoluten Siegeswillen: schnell, gezielt, schonungslos, ohne Reue oder Skrupel, und mit dem erbarmungslosen, entschlossenen

Kampfgeist, den Täter schnellstmöglich kampfunfähig, unschädlich zu machen.

Nur so, wenn überhaupt, lässt sich der (bis dahin von seinem Erfolg überzeugte) Angreifer stoppen, durch Überraschung vehementer Gegenwehr und plötzlich unerwarteter Schmerzen, den Wurf, Hebel, die Lähmung, den Knockout…

Der wehrhafte Verteidiger darf nicht gebremst sein durch Zögerlichkeit, Bedenken, Gewissensbisse. Auch Ekel. Hemmungen, den Angreifer schnell möglichst kompromisslos zu verletzen (der es ja als Täter ist, einem Böses zu wollen bzw. schon antut), führen zur Überlegenheit des Aggressors – und seinem Sieg, machen einen selbst zum Opfer der Erstgewalt des Anderen.

Das Erfordernis, einen Angriff mit eben noch stärkerer Gegenwehr, mit mehr Unerschrockenheit und systematisch trainierter besserer Technik erfolgreich zu begegnen, macht es notwendig, dass Kampf-Übende in ihrer Ausbildung lernen, ihre körperliche Gewalt ganz gezielt einzusetzen.

Kampftechniken aller Systeme und Disziplinen brauchen bei der motorischen Ausführung neben der größtmöglichen Perfektion (in Genauigkeit und Energie) immer auch den entschlossenen „Geist", der sie erst zur vollen Wirksamkeit

„beflügelt" – erst recht im Ernstfall.

Dieser Geist kann und muss trainiert werden durch die mentale Vorstellung der Wirkung und Auswirkung der Techniken in der mutmaßlichen Realität, wenn sie wirklich einen Menschen träfen.

Gebrochene Nasen, Kiefer, Arme, zersplitterte Hand- oder Kniegelenke, gar das Genick, verbeulte, blutverschmierte Gesichter, offene Wunden und eben durch die eigene Technik(en) vor Schmerzen schreiende, gestoppte, besiegte Angreifer sind sich vorzustellen.

Die vor allem auch eigene Gewalt zu assoziieren, in Gedanken bewusst zu machen und zu erleben, ist eine Voraussetzung, Kämpfen bzw. Kampftechniken zu erlernen. Darauf basieren alle ernsthaft auf Selbstverteidigung oder sportlichen Erfolg abzielenden Systeme ebenso – wenn man es richtig macht – wie die Kampfkünste. Das zu leugnen oder zu verdrängen, gebiert, wie gesagt, immer nur gespielt-martialische Tanz-Formen, ästhetisch vielleicht, „künstlerisch", aber nicht Kampf-orientiert; reines Theater von Schwächlingen…

Die Geschichte der Kampfkünste ist nun Mal kriegerischer Natur. Die frühen kriegerischsoldatischen Kampfschulungen, wie das frühe Bugei der Samurai-Krieger (Bugeisha), beinhaltete Strategien des Überlebens und perfektionierte technische Methoden des Tötens auf dem Schlachtfeld.

Bu-Jutsu (武術), das japanische „Militär-Können", also das realistische „Kriegshandwerk des siegreichen Kampfes" der alten Systeme (Ko-Ryu) mit Schwert (Kenjutsu), Lanze (Yarijutsu), Pfeil und Bogen (Yumi, Kyujutsu) oder Langstock (Bojutsu) dienten allein der effektiven Anwendung im Zweikampf; sie wurden als Weg des Kriegers (Bushido) bis zur Perfektion trainiert.

Erst im Bu-Do (武道) der den vielen riegen folgenden langen Friedenszeit des geeinten Japan (Edo-Periode ab 1600) gewinnt unter den so weggefallenen Aufgaben der Samurai und ihrer verlierenden Bedeutung sowie unter dem zunehmenden Einfluss des Zen-Buddhismus das alte Kampf-Handwerk (Jutsu) neue Interpretationen als „Kampf-Kunst-Weg" der reinen Schulung des Geistes.

Im sich entwickelnden friedlichen Budo wurde das Schwert als reine Waffe und effektives Mittel des perfekten Tötens zum scharfen Instrument der Selbsterziehung und Perfektion des Charakters. Zum Weg, „Do", das Schwert anzuhalten (Bu) durch

Vermeidung, innere Haltung und Einstellung, es nicht mehr ziehen zu wollen (obwohl man es könnte), kreierte einen Weg „innerer Schulung", einer praktischen Philosophie des (buddhistischen) Gewaltverzichts.

Hier wurden die Kampftechniken alter Schulen systematisch gewandelt zum Thema und eigenen Gegenstand des Übens, nämlich von Gefahr, um zu lernen, sich am Ende selbst zu beherrschen.

Das Kämpfen-Üben wurde nun dem Ziel gewidmet, Kämpfen zu können, um als Souverän körperlich-technischer wie psycho-emotionaler Beherrschung das Kämpfen-Können sein zu lassen und Kämpfen-Wollen aufzugeben, im Sanft-Mut und als „Friedvoller Krieger" in Güte den Nicht-Kampf zu verwirklichen.

Der traditionelle ehrenhafte Edelsinn des Samurai fand seinen neuen Niederschlag im gekonnten Verzicht auf blutige Gewalt, im vollen Bewusstsein eigener, im (nach wie vor intensiv trainierten) Kämpfen-Können entwickelter Größe des „Meisters".

Die Meisterschaft im Budo zeigt sich in den gemeisterten technischen Fertigkeiten ebenso wie den mentalen Fähigkeiten: perfekter Krieger UND perfekter Mönch: Denn neben den kombativen Fertigkeiten und Fähigkeiten, die für den Aspekt der Selbstverteidigung einer Kampfkunst entscheidend sind, ist für den geistigen Schulungsaspekt die Idee des Friedvollen Kriegers zentral – eines gut ausgebildeten Kämpfers (Kriegers), der es nicht nötig hat, sich im Kampf noch beweisen zu müssen und sich für den friedlichen Weg der Konfliktlösung entscheidet.

Er, *kann* kämpfen (und sicher gewinnen), lässt es aber, weil er der Überzeugung ist, auf Gewalt zu verzichten, wo immer es geht. Der so geschulte Budoka, der den Kampf gelernt hat um den Kampf zu überwinden, der aus Erfahrung der unzähligen Kampfübungen weiß, wie Wut und Angst als Ursache für Gewalt entsteht, der sich zu beherrschen weiß. Er kann gelassen bleiben, unaufgeregt, einen kühlen Kopf bewahren…

Derartiges erlernt man, wenn sich tatsächlich einlässt auf die Gefühle, die sich
im übenden Kampfgeschehen bahnbrechen, die eigene Wut und Aggressivität erkennen (und, wie oben gesagt, fantasiert „ausleben"), die eigene Angst sehen vor Schmerzen, Verletzung oder zu verlieren, oder den Mut, sich zu stellen jedwedem Ergebnis *und* dem Bemühen, bei Alledem dem Anderen in keiner Weise zu schaden.

Den „Gegner spielenden" Partner als eben jenen zu begreifen (und behandeln), der sich einem hilfreich zur Verfügung stellt, alle möglichen „schädlichen Gefühle und Gedanken" mit und an ihm (fantasiert) „auszulassen", diese überhaupt zuzulassen, fördert die Sicht auf ein notwendiges Miteinander. Jeder hilft so dem Anderen, seiner eigenen Empfindungen und Affekte übend Herr zu werden. Jeder ist so des Partners wohlwollender „Trainer".

Darin konkretisiert sich der gemeinsame wahrhaft wohlwollende Geist der propagierten Dojo-Gemeinschaft Gleichgesinnter.

Sich zu „opfern" für all die negativen, ja eigentlich äußerst gewalttätigen Phantasie-Übungen des Partners, der in seinen

Technikausführungen des Zweikampfes all seine feindseligen Sieges-, Zerstörungs-, gar Tötungsabsicht auf einen projiziert (und sich natürlich dennoch kontrolliert zurückhält), erfordert eine im Grunde gegenseitig zutiefst aufrichtig wertschätzende Haltung der Mitglieder eines Dojo als echte Partner.

Dieses beidseits belastende Erleben der jeweiligen Niederlage durch die mental 100%ige und technisch-real auf Unverletzlichkeit des Partners konzentrierte „Zerstörung" durch den Übungspartner würde ohne die budo-typische Kultivierung des wertschätzenden „familiären" Geistes in einem Dojo eher eine dem Boxen inhärente Verrohung fördern – nicht die beabsichtigte Gewaltlosigkeit des friedvollen Kriegers.

Das Angewiesensein auf die gegenseitige Erlaubnis, miteinander brutale Kämpfe, ja das Töten zu üben, und doch die Kontrolle zuerst des Körpers (später auch des eigenen Gefühls) zu erlernen, den Partner nicht wirklich zu treffen, lässt über Körperbeherrschung hinaus jene psycho-emotionale Selbstbeherrschung entwickeln, die die „Meisterschaft" im Budo ja definiert.

Die Haltung, auf diese Art und Weise (eben spezielle Kunst) im Kampf gegen andere sich eigentlich *selbst* zu bekämpfen zu lernen, gegen seine eigene Gewalttätigkeit (Wut und Angst), erlaubt es nämlich erst, von „Kampf-*Kunst*" zu sprechen. Die Idee, sich beim kämpferischen Üben selbst zu erkennen und nicht nur andere zu besiegen, erhebt die Kampf-Kunst über den Kampf-Sport, dem der äußere Erfolg genügt und sich für den inneren des Ausübenden gar nicht interessiert.

Die im Budo durch die Praxis angestrebte Selbsterfahrung soll zu jener (buddhistischen) Selbsterkenntnis führen, die es braucht, sich selbst zu verwirklichen, als nach Ausschöpfung aller individuellen Wachstumsmöglichkeiten „ganzer", selbst-bewusster

Mensch – als Teil der Welt und mit ihr im Einklang (Transzendenz).

Diese nicht theoretisch, sondern durch praktische Erfahrung gewonnene Einsicht und Erkenntnis, wie man der Gewalt, der anderen und eigenen, begegnen kann, prägt jene „Meister", die sich selbst meistern können, Gewalt zu stoppen („Bu") und als Lebensprinzip zu vermeiden („Do").

Budo als eigentlich „esoterische Lehre" lehrt in und über Kampf, die intensive Arbeit mit den Phänomen Gewalt und Friedfertigkeit, zunächst, dass nüchterne Besonnenheit und emotionale Gelassenheit (und nicht Leichtsinn und Erregung) die entscheidenden Grundlagen für erfolgreiches Kämpfen sind.

Dieses „Psychotraining" vermittelt auf diese Weise neben den technisch-martialischen Fähigkeiten wesentliche Kompetenzen, die man stets als besondere Tugenden gepriesen hat und heute im Sinne der humanistischen Spiritualität als die höchsten Werte der Achtsamkeit, Ehrfurcht und Gleichmutes, Güte, Freundlichkeit, des Mitgefühls und der liebevollen Zuwendung bezeichnet werden (Dalai Lama).

Budo hat seinen eigenen Weg zur Erleuchtung.

Es braucht den Partner – nicht Gegner – als Gegenüber, an und mit ihm erlaubter Weise und in wertschätzender Grundhaltung die Macht der eigenen destruktiven Gefühle und Fantasien zu erkennen, zu erleben und vor allem schließlich (weil gekannt) beherrschen zu lernen. Nur so ist Frieden mit mir und dem Anderen und in der Welt möglich. Budo, so gesehen, ist „Erkenntnisboxen"…

Rein kombatives Können verbraucht sich in Sport und realem Zweikampf. Es ist bloßes Gefäß des nicht eingegossenen Weines, primitive Grundlage (Jutsu) der Kultivierung höherer Werte (Do). Das im „Nur-Technik-Üben" angelegte Streben nach äußerem Erfolg (statt nach Reife und Weisheit) ist das bittere

Missverständnis vom Nutzen und Wesen der Kampfkunst, geboren aus der westlichen Wettkampfmentalität und aggressiven Profilneurose Gewaltbereiter,
also Sportikonen und Türstehern...

Budo als Weg der durchdringenden und überwindenden Auseinandersetzung und Transzendierung von Kampf und Gewalt ist in Wahrheit, von Verständigen (sensei) gelehrt, intensive Arbeit am und Weiterentwicklung vom Selbst, ist ein Weg, im Ergründen der Eigenart des Kampfs letztlich Frieden zu verwirklichen.

Es ist DER Weg.

Mit der Hand des Teufels und dem Herz des Buddha
Budo als „Weg des Friedvollen Kriegers"

Kampfkunst basiert auf der Ausbildung im Kunsthandwerk des technischen Kämpfen-Könnens, *Bu*, und auf der Ausbildung des spirituellen Geistes, *Zen*, der Gewalt vermeidet.

Dieser zurückgehende Schulungs-Weg, *Do*, erfordert einen Weg-Lehrer, einen erfahrenen Lehrmeister, *Sensei*, der den wahrhaft suchenden Schüler in einem besonderen Vertrauensverhältnis, *Ishin-*

denshin, durch menschliche Irrungen und Wirrungen des Nichtkampf-Weges Budo führt.

In einer Gemeinschaft Gleichgesinnter, *Dojo*, und unter strengen Regeln und Ritualen, *Reishiki*, wird das technische Gerüst des Stiles in traditionellen Formen des Übens von Fertigkeiten (*Kihon, Kata, Kumite*) gelehrt.

Dabei werden im persönlichen Lehrgespräch, *Mondo*, und in meditativer Praxis (*Mushin*) die psycho-emotionalen Fähigkeiten der Selbstkontrolle und Gelassenheit zur Entwicklung gebracht.

Die von der Philosophie des originär indischen Buddhismus und chinesischen Daoismus, aber auch Konfuzianismus und japanischer Shinto-Religion geprägte Ideologie des Budo, dem Weg des Nichtkämpfens, verpflichtet den edlen, tugendhaften „Krieger", den in Kampftechnik zur Perfektion geschulten „Meister", zum Gewaltverzicht und zur Wertschätzung allen Lebens.

Doch ist der *Bu Do* der ganz spezielle Weg des Kämpfenlernens, um das Kämpfenwollen oder -meinenzumüssen aufgeben zu können, und durch Transzendenz eigener Erfahrungen und Erkenntnisse schließlich den

Nichtkampf, den Frieden zu verwirklichen, den Frieden mit sich und den anderen.

Budo geht durch das Prinzip Kampf erlebnisintensiv und in allen theoretischen und praktischen Facetten des zunehmenden Könnens, Wissens und Verstehens hindurch, lässt die Ausübenden Sieg und Niederlage, Stolz und Schmerz, Wut und Angst „studieren", technisch und emotional. Budo thematisiert Leben und Tod, übt Sterben und Töten – und ist kein mönchischer Weg.

Dieser eine der beiden Aspekte der Kampfkunst, nämlich mit erlernten Techniken sicher Siegen, ja gezielt Töten zu können, meint die Fähigkeit des Budoka, „mit der Hand des Teufels" zuzuschlagen. Die andere Fähigkeit, es nämlich aber nicht zu tun, meint, das „Herz des Buddha" zu haben. Erst, wenn beide gelehrt, geübt und am Ende gekonnt und verstanden ist, spricht man von Budo.

Wer nicht lernt, die Kampftechniken des Schlagens, Tretens, Hebelns, Werfens so „kunstvoll" (effizient und effektiv) anzuwenden, dass ein Gegner tatsächlich kampfunfähig gemacht, also besiegt wird – durch Schmerz oder K.O. oder Tot – und das möglichst mit einem Schlag (*Ikken hisattsu* im Karate, Kempo), lernt nicht das ursprünglich „totsichere" Kämpfenkönnen mit und ohne Waffen der alten Künste und Schulen (*Bugei Ryu*), das

Kunsthandwerk des Siegens in Kampf und Krieg (*Bu Jutsu*).

Wer dies nicht lernt, sondern nur über den eigentlichen Sinn im realen Kampf auf Leben und Tod verschleierte Bewegungen, entschärfte, nach sportlichen Regeln der Gefahrlosigkeit und reinen Schönheit in ihrer Potenz amputierte Techniken übt, vollführt Tanz- oder Sport-Bewegungsmuster, sinn-entleerte Spielereien, aber keine Kampf- und keine Kampf-„Kunst"-Techniken.

Wer Kämpfen nur halbherzig übt, das Schwert führt, nicht im Geiste des imaginären Verteidigungsfalls und notwendigen Tötens willen, ohne Vorstellung von der

Bedeutung der Technik und ihrer beabsichtigten Folgen des Hiebes oder Schnittes, der tanzt *Iaido* nur im fehlenden Bewusstsein der Macht und Wirksamkeit seiner Waffe. Das kastrierte Schwert wird zum bloßen Show-Objekt mit stumpfer Klinge, zum intellektuellen Kreativsymbol eigener Weltentfremdung.

Denn: Nur wer um die Gefahr weiß und das „Böse" kennt, kann es beherrschen lernen, nur wer in Technik und Geiste ganz in Angst und Wut eintaucht, ahnt von realer Bedeutung des Kampfes um Leben und Tod.

Nur wer nicht mehr vorgibt, er könne nicht töten, sondern in seinem tiefen Inneren weiß von dem in je notwendigem Falle leicht auszulösenden Dämon absoluten Siegenwollens, begünstigendem Hass und Rausch exzessiver Gewalt am Gegner, der kann – mit Partner übend – lernen, sich zu aktiv verhalten: probieren, sich erfolgreich zu wehren oder zu kontrollieren.

Jedenfalls kann ich nur im ernsthaft, glaubwürdig vorgetragenen Angriff meines Partners (unter Anleitung des *Sensei* und im Schutzraum des *Dojo*), wenn auch ritualisiert, stilisiert, reale Verteidigung üben, ohne im Ernstfall in Schockstarre gelähmt mich zu opfern.

Von beiden Seiten erfordert es den rechten Kampfgeist und

Siegeswille, technisch und mental auf den Punkt gebrachte Energie (*ki*).

In der Verteidigung gilt, sich mit der Hand des Teufels zu wehren, gekonnt, gezielt und unbedingt gewollt die vernichtende, siegreiche Technik anzubringen, ohne Risiko der Wirkungslosigkeit.

Budoka sind systematisch geschult, mutig, wirksam und siegreich zu kämpfen. Sie beherrschen die Technik der Hand des Teufels. Sie sind Krieger.

Das muss geübt werden, um gekonnt zu sein. Nur Gekonntes kann bewusst eingesetzt oder unterlassen sein…

Budoka haben aber das Herz des Buddha, weil sie gelernt haben, wie Gewalt (Leiden) entsteht, und wie vermieden wird; weil sie gelernt haben, dass Gewalt Gegengewalt provoziert, dass das Weiche das Harte besiegt, wahre Größe in Gelassenheit und Nachsicht sich zeigt, die Niederlage der Sieg ist.

Budoka sind Herzens-Krieger, Krieger, die wahrlich Kämpfen können, aber nicht mehr wollen, Krieger, die für den Frieden stehen – und streiten. Sie kämpfen für das Gute im Menschen und in der Welt, weil sie wissen, dass sie Teil des Ganzen sind, und fähig, ihre Feinde als Lehrer für die eigene Selbstbeherrschung zu lieben.

Das Herz des Buddha ist jene wesentliche zweite Seite des Budo, ohne die allein das Kämpfenlernen mit Teufelshand amoralisch, unethisch und gefährlich wäre.

Kampfsportler (*Bujutsuka*), die, wenn auch sinnentleert, nur die Seite der Technik üben, bleiben ohne die wichtige Herzens-Erziehung der Kampfkunst im Budo, nur Bewegungskünstler, Show-Akrobaten, oder, im schlechtesten Falle, verrohte Wettkämpfer, vielleicht nur eitle Trophäensammler.

Budo-Lehrer müssen also in ihrer Unterweisung immer die über das Äußerliche hinausgehende der Kampfkunst, die innere, esoterische Seite berücksichtigen, die spirituell-geistige Entwicklung ihrer Schüler in den Zusammenhang des Fortschrittes auf dem Weg rücken, die Fähigkeit zum Gewaltverzicht und den Willen zum Frieden ins Zentrum der Bemühungen stellen.

Nur ein Krieger (mit der Hand des Teufels) kann ein friedvoller Krieger sein, und nur ein lebenwertschätzender Geist (mit dem Herzen des Buddha) kann friedvoll sein. Und Budo ist der einzige Weg, dies zu verwirklichen.

Stete Glut – statt Strohfeuer
Von nutzlosem Wirbel und der notwendigen Beständigkeit im Budo

Immer wieder mal kommen Menschen ins Dojo, die Feuer gefangen zu haben scheinen und begeistert sind vom Budo. Sie sind fleißige Schüler, ehrgeizig und strebsam, gelehrig und äußerst engagiert. Sie übernehmen schnell Eigenverantwortung, schlüpfen in vermeintliche Vorbildrollen, haben gute Ideen und zeigen Initiative. Sie übernehmen gerne und zu viele Aufgaben, motivieren, planen, entwickeln Visionen. Sie wollen das Beste fürs Dojo – und alles verbessern. Sie geben sich, als hätten ihre Suche endlich ihr Ziel gefunden und sie eine neue Lebensaufgabe…

Oft entpuppt sich aber leider die von ihnen leidenschaftlich entfachte starke Wirbel-Bewegung nur als ein kurzes Strohfeuer: viel Hitze, Blitz und Getöse. Schnell erlischt solch demonstrativ starke Dynamik im Dunst und zähen Nebel der Realität, der in Wahrheit „Zähigkeit" ernsthaften Beschreitens des Weges, auf dem die Schnelllebigkeit voreiliger Begeisterung den Blick für das Wesentliche entscheidend trübt.

Vor allem scheitern die hyperaktiven „Macher" im Budo an den selbst gemachten Ent-

Täuschungen ihrer eigenen naiven Illusionen und zu hoch gesteckten Ideale. Die blauäugige Idealisierung von Dojo, Sensei und Budo führt sie schnell an die Grenzen ihrer unrealistischen Hoffnungen, das Paradies gefunden zu haben. Sie erwachen dann roh aus ihren Wunschträumen, dass alles so sei, wie es im Buche steht.

Dass das Dojo eine über lange Zeit mühsam gewachsene Gemeinschaft Gleichgesinnter ist, die sich in auch schwierigen Phasen in eigenem Wegfortschritt und Höhen und Tiefen des Alltags zusammengerauft und bewährt hat, und „tolle Ideen" zur Genüge als Eintagsfliegen und fantastische Utopien kennengelernt und dafür wenig Verständnis hat, muss der vorgeblich besserwissende Frischling alsbald bitter einsehen. Auch, dass der Sensei nur ein Mensch mit menschlichen Fehlern und Schwächen und kein Gott ist, und Budo eine langwierig lebenslange Arbeit am Selbst.

Statt solch kurzlebigen Enthusiasmus', der sich so schnell verbraucht im hitzigen Lärm um Nichts, braucht es im Dojo und Budo überhaupt dauerhafte, kontinuierliche Identifizierung mit Dojo und Sensei, mit Weg und Sinn, braucht es das stete Feuer und die permanente Glut derer, die verlässlich sind in Ernsthaftigkeit und Beständigkeit, die, bewahren statt verrauchen lassen.

Statt einer der nur eigenen Profilneurose oder Selbst-Flucht dienenden Betriebsamkeit der überschießenden Neulinge braucht Budo Menschen, die wirklich an sich und Zielen arbeiten wollen, nicht schnell die Welt verändern, sondern langsam aber sicher sich.

Mit den durch Idealisierung des Ganzen viel zu hohen Ansprüchen an sich und insbesondere alle anderen, ihnen entsprechen zu müssen (und die dadurch von vornherein zum Scheitern verurteilt sind), erweisen sich die „Vorbilder" letztlich beizeiten überfordert. Enttäuscht, manchmal resigniert ziehen sie sich zurück – und geben aber die Schuld den anderen (die gar keine

Chance hatten, den illusorischen Erwartungen zu genügen).

Sie selbst erkennen ihre wahren Schwächen in der vordergründigen 100%-Manier nicht, im Glauben, alles richtig gemacht zu haben. Das sind Menschen, die sich gar nicht sich selbst stellen wollen (worum es im Budo geht), sondern solche, die in allen Lebenslagen keine Bereitschaft oder Fähigkeit entwickeln, durchzuhalten, auch was lange währt.

Solche sporadisch und kurzeitig auflodernden Feuer tragen nichts zum Erhalt und zur Qualität des Dojo und Budo bei. Vielmehr lebt ein Dojo und Budo von jenen, die mit realistischen und realisierbaren Ansprüchen und angemessenen Forderungen langfristig mitwirken und beitragen.

Als Lehrer mit 40 Jahren Erfahrung habe ich daher große Skepsis, wenn Neue so superengagiert sind und gehe (meist zu recht) davon aus, dass ihr Strohfeuer nur viel Hitze macht, aber vor allem Licht um sie selbst.

"Budo-Sport":
Elefanten können nicht fliegen!
Vom Un-Sinn gern verbreiteter Vorurteile und Lügen

Budo, also Kampf-„Kunst", und Sport, hier nun im Besonderen Kampf-„Sport", haben in Sachen „Kampf" allenfalls so viel gemein wie Elefant und Kolibri. Beide verbindet ein „kleinster gemeinsamer Nenner": Bei Elefant und Kolibri, dass sie Lebewesen aus dem Reich der Tiere sind – und bei den Phänomenen

Kampfkunst und -sport, dass es ich um menschliche Erfindungen handelt.

Mehr „Gleiches" gibt aber im Grunde auch nicht. Elefant und Kolibril können sich genauso wenig paaren wie Budo und Sport. Beide haben zu verschiedene, nicht kompatible Eigenschaften. Sie sind weder Dasselbe, noch können sie sich irgendwie mischen, ergänzen, aufeinander aufbauen, befruchten oder gut im Mit- und Nebeneinander.

Budo und Kampfsport haben ganz unterschiedliche Nischen im menschlichen Kulturgut, das nicht etwa in Ost und West, im Alt und

Neu sich unterscheidet (denn das ist bei genauerer Betrachtung so ohne Weiteres auch nicht richtig), sondern dem essentiellen Wesen nach. Und das extrem.

Budo als aus der Entwicklung vom kriegerischen Bugei und technischem Bujutsu heraus-, ja weg-entwickelte Methode, das tödliche Schwert als Waffe gegen das Instrument spiritueller Selbsterziehung zu tauschen, hat Sinn und Zweck der Kunst, das Schert zu führen, vollkommen verändert. Nicht das Töten eines Anderen, eines äußeren Feindes, sondern des inneren Gegners in einem Selbst wurde zum Ziel des Übens.

Das Wesen des Budo als vom Zen-Buddhismus geprägter Schulungsweg des persönlichen Wachstums, des „Sieges über sich selbst", steht mit dem Wesen der ehemals realistischen Ausbildung hoher Kunstfertigkeit des Tötens in absolutem Widerspruch – ebenso aber auch mit der dazu passenden Praxis des sportlichen Wettkampfes, des Leistungsstrebens und feindseligen Konkurrenzdenkens um Sieg und Niederlage.

Ziel, Inhalt und Methode von Do (der Philosophie des Weges), also Budo, und von Sport (und seiner Philosophie des Vergleichens technischen Könnens) sind in

Theorie und Praxis diametral entgegengesetzt. Nur auf den ersten Blick (in der Kampfkunst-Philosophie die bloße Wahrnehmung allein des Äußeren, Omote) beschäftigen sich das spirituelle Budo und das realistische Bujutsu mit Demselben, dem „Kampf" (Bu). Dahinter (dem im Verborgenen durch intensives Studieren unter Anleitung echter Meister der Kunst erst Erkennbaren, dem Geistigen, „Inneren", Okuden) wird das „esoterische" Wesen, das grundlegend Eigentliche von Budo und Kampfsport erkennbar.

Budo, der Weg, auch die Einstellung, innere Haltung, das

Bemühen, den Kampf (Bu) *zu vermeiden* (Do), und Bujutsu, das Können und perfektionierte Handwerk (Jutsu), den Kampf *durch Sieg zu beenden*, sind Zweierlei: Das Eine ist die „Lebens"-Kunst, friedfertige, gewaltlose, nicht aggressive Ethik und gelebte (buddhistische) Philosophie zu verwirklichen – das Andere die perfektionierte „Todes"-Kunst, feindselige Taktiken sowie soldatisch-gewaltsame und offensiv-aggressive Techniken zu beherrschen, den Gegner zu besiegen und den Kampf durch dessen Tod zu beenden.

Kampf, Konflikt, Gewalt zu vermeiden, im Keim zu ersticken, oder aber durch effektive Gegengewalt („Vernichtung") daran aktiv mitzuwirken, wenn auch erfolgreich, ist moralisch (und auch technisch) etwas völlig Verschiedenes, geradezu Gegensätzliches – wie Leben und Tod.

Der Versuch also, gerade das miteinander zu verbinden, ist absolut sinnlos, ja widersinnig, denn es könnte daraus nur totkrankes Siechtum, Sterben, Koma und Leid entstehen. Ungeachtet dessen wird in dem so häufig verwendeten „Budo-Sport"-Begriff genau das getan.

Wenn auch im Wett-Kampf-Sport (ausgenommen in extrem brutalen MMA-Veranstaltungen oder bei Unfällen) nicht getötet wird, so wird jedoch mit erforderlicher und daher systematisch antrainierter Aggressivität der Gegner im echten Kampf, wenn auch „regelgerecht" , mit und ohne Waffen (wie Stöcken, Holzschwertern usw.) bei mehr oder weniger Schutzvorkehrungen mit Schlägen, Tritten, Hebeln, Würfen, Würgetechniken symbolisch zur Strecke gebracht, also bezwungen, niedergerungen, überwältigt, lahmgelegt, unterworfen…

Wenngleich dies ritualisiert und nach Regeln geschieht, steckt doch dahinter die alte kriegerische „Bujutsu"-Idee des Konkurrierens um Sieg und Niederlage, und damit notwendigerweise die Ausbildung und Kultivierung (wie Legalisierung) martialischer Fähigkeiten, technischer wie mentaler Natur.

Dabei wird oft billigend (in der Rechtsprechung auch beidseits) die mögliche Verletzung des Opfers in Kauf genommen, oder gar bekanntermaßen ganz offensichtlich und systematisch provoziert, wie beispielsweise die nachweisliche Schädigung des Gehirns beim Boxen.

Es ist also ein fundamentaler Sachverhalt, ob ich lerne, meine Aggressionen und Wut zu beherrschen und niemand Anderen anzugreifen oder zu verletzen (außer in Notwehr), wie beim Budo, oder aber ganz gezielt gegen Andere einzusetzen und auszuleben, wie beim Kampf-„Sport". Es ist ebenso wesentlich, ob ich Werte wie inneres Wachstum und Selbstentwicklung ins Zentrum meines Bemühens stelle, wie beim Budo, oder aber äußere Erfolge und Gratifikationen wie Titel, Pokale, Urkunden, Prestige und Ansehen, wie sie im Sport essentiell sinngebend sind.

Während es dem Einen um die intensive innere Auseinandersetzung und Beherrschung von Emotionen (vor allem Angst und Wut) und Meisterung seiner selbst, die „wahre Meisterschaft" auf dem Weg geht, geht es dem Anderen um messbare, objektive, äußere Erfolge und Anerkennung durch öffentliche Erlangung eines Meistertitels. Doch ein Meister der Kampfkunst ist etwas völlig anderes als ein Bezirks-, Europa- oder Weltmeister.

Daher werden die Einen als Schüler in einer Gemeinschaft Gleichgesinnter (Dojo) von einem auf dem Weg selbst erfahrenen

Lehrer (Sensei) in einer traditionellen, authentischen Weg-Lehre (Shu-Ha-Ri) individuell und ganz persönlich, von Herz-zu-Herz (Ishin-Denshin), *unterwiesen*, während die Anderen als Athleten von einem Trainer nur in wenig ausgewählten, speziell erfolgreichen Wettkampftechniken sportlich *trainiert* werden.

Beides hat seine ureigene Berechtigung als esoterische Heilslehre oder olympische Ideologie, und keines soll „besser als das andere" hier sein – es ist nur jeweils völlig verschieden und passt überhaupt nicht zueinander. Mehr noch, es wiederspricht sich und behinderte sich gegenseitig, denn in der Kampf-„Kunst" wäre es schädlich, sich auf Äußerlichkeiten (technisches Können statt menschliche Reife) zu fixieren, wie es im Kampf-Sport schädlich wäre, durch spirituelle Einkehr und Relativierung etwa zu wenig Ehrgeiz (und für Erfolg und Gewinnen hier notwendige Aggressivität) zu haben.

Budo und Sport passen zusammen wie Feuer und Wasser, Elefant und Kolibri. Eine Verbindung ist unmöglich. Der Begriff „Budo-Sport" ist daher vollkommen unsinnig, so gern er auch – unwissend von Laien oder absichtlich falsch von

Marktstrategen – benutz wird. Während die dilettantische Verwendung dieser Wortschöpfung in der Szene zunehmend als solche erkannt wird und die Erkenntnis des im Grunde Konträren sich immer mehr (wenn auch zu langsam und insgesamt zu wenig) durchsetzt, bauen manch unseriöse Anbieter von Waren oder Dienstleistungen gerade bei der gezielten Inszenierung von Vermischung oder gar Gleichsetzung von Budo- und Sport-Ideologie auf profitable Werbewirksamkeit.

Mit den positiven Zuschreibungen von Budo (Persönlichkeitsbildung, Friedfertigkeit, erzieherische

Effektivität, traditionelle Philosophien, kulturelle Bedeutsamkeit) versuchen „Verkaufs-Politiker", ihre Produkte aufzuwerten und besser an den Mann bringen zu können. So wird aber Wasser als Wein verkauft.

Nur nützt solch Etikettenschwindel niemandem, als den durch die dadurch hoffentlich zusätzlich gewonnene Kundschaft (nämlich die Einen und die Anderen) am Verkaufsgewinn profitierenden Nutznießer, also die unehrlichen, dummen oder verdummenden Anbieter des Unsinns. Die Essenz des Budo, dessen Reinheit, Unverfälschtheit, Besonderheit und Rarität wird ebenso durch fremde Inhalte und Methoden „verseucht", wie der Sport durch „un-sportliche", ihn hemmende Wirkungen des Budo eben in seiner ureigentlichen Optimierungs- und Leistungsvergleichskultur.

Entweder etwas ist Budo oder Sport. Doch das ist den Verkäufern egal, muss ihnen egal sein, um Gewinnmaximierung zu erzielen. Sie entwickeln eigene Kreativität in skurrilen Wortschöpfungen wie „Budo-Taekwondo", „Budo-Sport-Meister" oder „Budo-Fitness-Center" oder „Budo-Sport-Pädagogik". Ohne Skrupel wird das das zu vermarktende Produkt oder, noch schlimmer, das eigene

Ich missbräuchlich aufgewertet. Hauptsache der Rubel rollt.

Richtig peinlich wird das aber, wenn auch Wissenschaftler als vermeintliche Experten auftreten und von „Budo-Sport" als Anti-Gewalt-Trainings schwadronieren oder in angeblichen Fachbüchern z.B. von "Budo-Kampfkunst-Karate", "Zenkunst-Karate", "Karate-Do" und "Karatesport" reden und dabei immer das gleiche meinen (nämlich absurderweise sogar das olympische Verbands-Karate des DKV).

Es wird sogar von derartigen akademischen Buchautoren zu

„wissenschaftlichen Studien" abstrus behauptet, dass wahre "Budo-Meister" gerade daran zu erkennen wären, dass sie "Wettkampf als einen Weg der Kampfkunst aufzeigen" und ihre Schüler in ihrer Ausbildung "zu Wettkampferfolgen führen" – ungeachtet dessen, wie wahrhaft disqualifizierend die Verbreitung solch Falsch- und Fehlwissens, solch allein lukrativen Un-Sinns ist.

Diese Experten, ob im Range eines Professors (gar mit hohem DAN-Rang) oder nicht, publizieren gewinnbringend im eigenen Verlag dilettantische Fachbeiträge, um dank ihrer irreführenden Werbung für ihren Sportverband letztlich den eigenen Funktionärsposten zu stärken.

Dass sie sich selbst damit als Laien oder Lügner outen und der Sache eigentlich auf Dauer nur schaden, scheint sie nicht zu stören bzw. In ihrem Egozentrismus nicht davon abzuhalten, unlauter, ja durch Verbreitung von Unwahrheiten und Wahrheits-Verdrehungen betrügerisch zu arbeiten.

Solch Gebaren stabilisiert höchstens Unwissen und Vorurteile und schadet den Bemühungen derer, die seriös forschen, lehren und arbeiten. Zwar nehmen „echte", sichere und ernstzunehmende wissenschaftliche Untersuchungen und Publikationen zum Phänomen von Budo und Sport zu, werden jedoch immer wieder von den gleichen Populisten (und Demagogen) durch tendenziöse Verbiegung der Ergebnisse und Sinn-Entstellungen zu eigenen Gunsten, falsche Zitation oder ignorantes Verschweigen missbraucht.

Es bleibt jedoch dabei: „Budo-Sport" ist als Begriff und Idee vollkommen paradox, nur Ausdruck von Unwissen und Vorurteil oder sträflicher systematischer Lüge.

Trotz Dummbo: Elefanten können nicht fliegen.

Wirklich nicht!

Autor

Dr. phil. Jörg-Michael Wolters, Jahrgang 1960, betreibt seit Mitte der 1970er Jahre ununterbrochen aktiv und leidenschaftlich Karatedo, heute 7. Dan Hanshi und, laut Budo-Lexika, als ein *„Wegbereiter des Karate in Deutschland"* auch der Begründer des **Shoto Kempo Ryu Karatedo**, einem der *„bedeutendsten Kempo-Karatestile"*, mit internationalem Renommee als Budo-Experte und Fachautor.

Dem Budo hat er sein ganzes privates wie berufliches Leben gewidmet: Als promovierter Erziehungswissenschaftler und Budolehrmeister setzt er sich seit Jahrzehnten intensiv mit der Wirkung von Kämpfen, Kampfkunst, Kampfsport auf Persönlichkeit und Sozialverhalten der Ausübenden auseinander; seine Dissertation (summa cum laude) zum

Thema „Kampfkunst als Therapie" erschien als richtungsweisende Pilotstudie im Peter Lang Verlag bereits 1992 im In- und Ausland.

Er ist nach vielen Jahren Theorie und Praxis als wissenschaftlicher Forscher sowie akademischer Lehrer an der Universität (Sozialpädagogik, Sportwissenschaften, Sozialtherapie) spiritus rector der Budopädagogik, fachlicher Leiter der berufsqualifizierenden Weiterbildungs- und Ausbildungsgänge (seit Mitte der 1980er Jahre) zum Budopädagogen und Budotherapeuten.

In seiner Kampfkunst-Akademie (Honbu Dojo des Shoto Kempo Kai und auch Lehrstätte seines Instituts für Budopädagogik, IfBP) arbeitet er stilübergreifend mit Lehrern verschiedener Kampfkünste aus dem In-

und Ausland sowie dem Internationalen Berufsverband für Budopädagogen (BvBP) zusammen, um dem Wesen des Budo als Methode der Selbsterfahrung, -schulung und -erkenntnis gerecht zu werden.

Aktuell leitet er die Budotherapie in einer Klinik für Kinder- und Jugendpsychiatrie, Psychotherapie und Psychosomatik.

Kontakt:

www.shoto-kempo-kai.de
www.budopaedagogik.de

Bücherauswahl von Wolters:

- **Kampfkunst als Therapie**; Peter Lang -Verlag; Frankfurt, Bern, New York, Paris, 1992

- **Budopädagogik. Kampfkunst in Pädagogik, Therapie und Coaching**; hg. von Wolters/Fussmann; Ziel-Verlag, Augsburg 2008

- **BUDO-Pädagogik. Das erzieherische Wesen der Kampfkünste und budopädagogische Perspektiven**; hg. von Wolters/Schröder/Schmitz; Norderstedt 2014

- **Budo – Pädagogik und Therapie. Beispiele und Konzepte aus der erfolgreichen Praxis**; hg. von Wolters/Nachtlberger; Hollinek-Verlag, Pukersdorf, Wien , 2016